エース育成の

「100人100様」のコーチング術

新常識

辻 孟彦／著

ベースボール・マガジン社

はじめに

～プロの投手に求められる条件とは？～

　プロになれる投手とは、どんな投手でしょうか？

　近年のNPBのドラフト会議で上位指名される投手を見ると、直球の球速が140㌔台後半から150㌔を超えている傾向にあります。速い直球が投げられるかどうかが、プロの投手になれるかどうかの判断材料の一つになるのは間違いありません。

　ただし、「150㌔を超える真っすぐがあれば、それでいい」というわけではありません。たまたまいいフォームで投げられた時だけ球速が出るのではなく、フォームがある程度一定していて、平均的に球速が出る。つまり「バイオメカニクス（生体力学）的には、この部分の動きはこうなっているほうが、速い球が投げられる」という理にかなった投球動作が身に付いていて、再現性が高いことが求められます。投球動作の基本については、この本の第4章で詳述します。

　投球動作は、下肢（股関節から足の指先まで）あるいは身体の中心部（体幹）より生み出された運動エネルギーを末端（指先）に伝達し、速度や力を大きくすることができる運動連鎖の原則から成り立っています。投球動作が理にかなっていれば、指先にかかるエネルギーが大きくなります。打者が球速表示以上に速いと感じる直球、振ったバットの上を通過していく直球。いわゆる「キレがある」とか「伸びがある」と言われる直球で、それだけ打ちにくい球になります。

　直球だけなら、いくらいい球でもプロの打者には打たれてしま

います。

　プロで言う「良い投手」とは、「打者を抑えられる投手」。失点が少ない投手、アウトを取れる投手とも言えます。打者を抑えるには、直球の他に130㌔台、120㌔台などいろいろな球速帯の変化球も必要になってきます。

　プロの打者にはスイング力があるので、球を見極めるポイントがアマチュアよりも打者に近い。より引きつけてから、振るか振らないかを判断できます。直球と変化球で腕の振りなど投げ方が異なると、簡単に見切られてしまう。そのため、直球も変化球も同じフォームや腕の振りで投げられることが求められます。

「ドラフト候補」と呼ばれる選手には145㌔前後の直球を投げ、試合で通用する変化球を持っている投手がたくさんいます。

　その中から指名されてプロになれるのは、ずば抜けた存在。「このピッチャーにはこれがある」という武器がある投手です。

　球速が150㌔を超える。低めの球でも浮き上がってくるように見える。空振りが取れる変化球がある。球の出所が見づらい。タイミングが取りづらい。サイドスローなど投げ方が変則である……。「みんなと同じ」「平均値」ではなく、他の人にはない個性があり、平均値を大きく上回る点を持っています。

　そもそも基本を知らなければ、何が自分の個性なのか、わかりません。基本を知り、「自分はこうなんだ」という考えであれば、プロに入ってからも個性を貫けます。

　何が基本で、何が個性かがわからないままプロに進んでしまう

と、壁にぶつかった時に自分を見失うかもしれません。何が良かったのかを忘れてしまったり、結果的に自分の長所を消してしまったりします。基本を身に付けて個性を育む指導について、第3章でお伝えします。

　投球動作を習得したり個性を育んだりするには、「動かせる体」が不可欠です。思い通りの動きができれば、フォームの選択肢が増え、改善の余地や成長の幅が広がります。

　私がコーチを務めている日本体育大学（以下日体大）では、体を動かしながら実施するトレーニングにより、主に肩甲骨と股関節の可動域を広げ、鍛えることを重視しています。たくさんあるメニューの内、誰にとっても大事で、投球動作に繋がるものに絞って第5章でご紹介します。

　私は2011年ドラフト4位で中日に入団。2014年のシーズン終了後に戦力外通告を受け、2015年に母校である日体大のコーチに就任しました。

　4年後の2018年には、コーチに就任した年に1年生だった松本航が埼玉西武からドラフト1位で、東妻勇輔が千葉ロッテから同2位で指名されました。また、就任時に4年生だった大貫晋一が卒業後に社会人の新日鐵住金鹿島（現日本製鉄鹿島）に進み、3年目となったこの年に横浜DeNAから3位で指名されました。2019年には吉田大喜が東京ヤクルトから2位で指名され、2020年には森博人が中日から2位で指名されました。

　おかげさまで、彼らの在学中から日体大が注目され、コーチで

ある私にも投手育成についての取材依頼をいただくようになりました。ベースボール・マガジン社からも、こうして執筆の機会を与えていただきました。

　幸いにもプロを輩出していますが、私はプロに行く選手だけを特別扱いしているわけではありません。
　日体大の野球部には毎年、10名から15名の新入生が投手として入部してきます。彼ら全員を成長させるのが私の役割です。
　私は、プロを目指す投手はもちろん、100人いたら100人それぞれにうまくなって欲しいと考えて指導しています。

　この本では、私なりの考えや投球動作の基本、指導方法、練習内容などを細かく、包み隠さずに明かしていきます。
　日体大の投手だけではなく、投手にはみんな、よりいい投手になって欲しい。この本がその役に立てば、と願っています。指導者の方にとっては、指導しておられる投手が少しでも良くなるように、お手伝いができたら幸いです。
　おこがましい言い方ですが、もしかすると、この本がきっかけで成長した投手がライバルとして日体大の前に立ちはだかるかもしれません。それこそ大歓迎です。
　そうなれば、日体大の投手陣は彼らに投げ勝てるように、野手陣は彼らを打ち崩せるように、レベルアップに努めればいいのです。そうして大学野球界、アマチュア野球界全体が切磋琢磨しながら発展していけばいい——そんな思いを込めながら、書き進めていきたいと思います。

目次

第3章　100人100様の指導法

第4章　投球動作の基本

第5章 専門的トレーニング

第6章 アマチュア球界への提言

写真／田中慎一郎、ベースボール・マガジン社
撮影協力／日本体育大学野球部
編集協力／佐伯要
協力／首都大学野球連盟

第1章
プロへ進んだ教え子たち

野球は遅咲きでも成功できるスポーツ

　日体大からプロへ進んだ教え子たちは、高校時代から全国的な知名度があったわけではありません。

　松本航、東妻勇輔、森博人は高校３年時にはプロ志望届を出さずに、日体大へ進学して来ました。吉田大喜はプロ志望届を出しましたが、指名漏れして進学してきました。彼らは大学に来てからの４年間で、ドラフトで上位指名される投手に成長しました。

　また、大貫晋一は日体大を卒業後に社会人・新日鉄住金鹿島（現日本製鉄鹿島）に進み、３年目に指名されました。

　彼らに限らず、大学で飛躍してプロに進んだ投手は多くいます。中には高校時代にエースだったわけではない投手もいます（私も高校３年夏は背番号「３」でした）。

　陸上競技、競泳、体操競技などのスポーツであれば、日本のトップクラスで戦う選手は、ほとんどが高校時代にすでにその世代のトップクラスに入っているでしょう。日本を代表する選手となったり、オリンピックや世界選手権などで金メダルを獲ったりするのは、主に大学生の年代です。

　野球は高校時代に全国トップのレベルではなくても、その後に成長できるスポーツです。野球選手のキャリアで「脂がのっている」と言われるのは、20代後半から30代前半。高卒でプロ入りして大学生の年代で一軍のローテーションに入る投手はいても、侍ジャパン入りして中心として活躍するような投手は多くありません。

　それだけ鍛錬された体力と熟練した技術が必要とされるということ。逆に言えば、コツコツやっていれば20歳を過ぎてから体力と技術がマッチする時が来て、一気に伸びることがある「遅咲きのスポーツ」です。高校野球を引退する18歳の時点でトップレベルの選手になるのを目指すのを諦める必要など、まったくないと思います。

日体大からプロへ進んだ教え子たちの共通点

　松本、東妻、吉田、森の４年間を見守りましたが、彼らは大学時代に「動かせる体」をコツコツと作り上げていました。

　投げる練習にはしっかり取り組めるけれど、トレーニングとなると集中力が続かない……そんな選手が多いと思います。彼らのように「投げる技術を高めるために、動かせる体作りが大事なんだ」と理解して、高い集中力で取り組める選手は少ないと思います。

　彼らは黙々と取り組んでいました。私がこれまで指導してきた経験から言うと、彼ら以外にもそれができた選手は、高い確率でプロや社会人に進んでいます。

　彼らには自分のフォームに関する意識が高く、探求心が強いという共通点もありました。

　動かせる体を作った上で投球の基本動作を習得し、自分の長所や特長を生かして、「自分はこういうフォームにしよう」という個性を作り上げていった。プロになるため、プロで活躍するための土台を築いていました。

　大学には、この土台を作るための時間が４年間あります。指導者は、入学してから卒業するまで見守ります。例えば１、２年時にリーグ戦などの試合で投げていなくても、その間の成長の度合いは評価できます。「体が大きくなった」「思い通りに動けるようになってきた」「球速が上がった」といった、試合での数値に表れない部分が把握できるからです。

　一方、プロでは１年１年が勝負になる。毎年、誰の目にも明らかな結果を残していかなければなりません。プロに入ってから土台を作ろうとしても、時間的な猶予がありません。

　また、プロでは監督やコーチ陣が１年で交代することもあります。

その場合、日々の成長の度合いなどの情報が引き継がれることは滅多にありません。結局、試合での実績で評価されてしまいます。指導者が違えば、評価のポイントや指導方法などもすべて違います。

　プロに入るまでにある程度まで土台ができあがっていることも、プロの世界で長く活躍する条件です。

プロに進んだ教え子たちの大学時代

　ここからは、日体大からプロへ進んだ教え子たちが、アマチュア時代をどう過ごしたかについて、お伝えします。

大貫晋一

一度は野球をあきらめかけていた

　私が日体大のコーチに就任したのは2015年4月ですが、その少し前の2月から臨時コーチとして指導していました。

　ある日、バックネット裏の本部室からグラウンドを見ていると、キャッチボールですごくいいボールを投げている選手がいました。私はまだ選手の名前と顔が一致していなかったので、古城隆利監督に「あれは誰ですか？」と訊きました。それが大貫晋一でした。

　当時、大貫は故障班（三軍）にいました。彼は2年春の首都大学リーグ戦で3勝していたので、名前だけは知っていました。でも、その後に右ヒジのトミー・ジョン手術をして、マウンドから遠ざかっていた。投げている姿を見るのはこの時が初めてでした。

　これは後から聞いた話なのですが、当時の彼はリハビリに予定していたよりも長く時間がかかり、復帰が遅れていたこともあって、

野球に対してあきらめ気味になっている部分があったようです。

　当時の日体大の指導体制は、故障班は学生トレーナーに任せる形でした。ただ、私は彼のキャッチボールを見た時に、「プロ行く素質があるんじゃないか」と思いました。古城監督に「明らかに良い所がある選手だから、一軍に上げたい」とお願いしました。投げられなくても一軍で練習することで、モチベーションが上がるようにしたいと考えたのです。

　大貫には「リーグ戦で投げられるようになるよ」「社会人とかプロを目指せるよ」と、常にポジティブな言葉を投げかけました。

　大貫も練習への取り組み方が変わって積極的になり、実戦登板に向けて「試合ではこうしよう」と意欲的になりました。

　その結果、体もしっかり作れて、3月のオープン戦で実戦に復帰できた。4年春のリーグ戦にはギリギリ間に合い、登板することができました。

大学ラストシーズンにつかんだチャンス

　実は、大貫は一般就職するつもりで就職活動をして、製薬会社から内定をもらっていました。

　でも、彼が4年生の春に復帰して、学生最後の秋に向かってやっていく中でまた成長する姿を見て、古城監督も私も「彼に野球を辞めさせてはいけない」という考えで一致していました。

　春の段階では練習とオープン戦を含めて登板は1週間に1度、3イニング程度に限定。それ以外はキャッチボールで調整していたのですが、夏には中3日空ければブルペンで投球できるようになっていました。

　球速は140㌔台中盤まで出るようになった。カーブやスライダーも完成度が高く、ツーシームは一級品で今もプロで武器にしていますが、当時から出来上がっていました。

私は「これは社会人で野球をやらないともったいない。2年後にプロへ行く可能性がある」と感じていました。

　4年秋のリーグ戦では2回戦の先発として定着。2勝を挙げ、防御率1.22をマークしました。
　このラストシーズンにケガもなく好投を続けたことが決め手となり、社会人の新日鉄住金鹿島から声が掛かりました。でも、本人は自信がなかったようで、なかなか決め切れませんでした。
　プロになりたい選手はたくさんいても、本当にプロになれる可能性がある選手、人にはない武器を持っている選手は少ないと思います。
　大貫にはそれがあった。フォームもしなやかですし、コントロールもいい。ツーシームを投げる指先の感覚も素晴らしい。あの球は誰にでも投げられるものではありません。
　私は、大貫に「この素質があって、プロを目指さない、社会人でチャレンジしないのはもったいない」と何度か話しました。
　大貫は河野徳良部長（当時）と古城監督と3人で話し合い、新日鐵住金鹿島へ入社する決意を固めました。

　4年秋のリーグ戦ではチームは2位になり、明治神宮大会出場切符を懸けた関東地区大学選手権（横浜市長杯）に出場しました。
　初戦で関東学院大学に0対3で敗れたのですが、大貫は8回に3番手として救援しました。勝ち上がれば次戦の先発予定だったのですが、負けていたので最後を大貫に任せたのです。
　すると、自己最速の146㌔を記録して1イニングをピシャリと抑えた。それが大学の引退試合になったわけですが、最後の最後でMAXを更新した姿を見て、私は「これはプロに行ける」と確信しました。

社会人3年目にドラフト3位指名

　大貫は社会人に進んでからも、プロへ行ける自信はなかったようです。

　ところが、2年目のシーズンの終わりにOB戦で日体大のグラウンドに来てくれた時、「僕、プロに行きます」と私に宣言したのです。驚いたのと同時にうれしくなって、思わず古城監督に「大貫が『プロに行きます』と言っていましたよ」と伝えました。

　それまでは彼の方から連絡してくるタイプではなかったのですが、社会人3年目に入ってからは「プロに行くためにはどういう風にすればいいですか」などとアドバイスを求めてくるようになりました。私は「何か変わってきたな。本当にプロになろうとしているんだな」と感じていました。

　彼が結果を出したのは、ちょうどその時期でした。社会人3年目、2018年の都市対抗では初戦の日本新薬戦で9回2失点、11奪三振で完投勝ちするなど好投しました。

　社会人時代の最速は148㌔でしたが、平均球速は143㌔ぐらい。キレのいい直球と変化球を使って打者を打ち取る投手なので、ドラフト候補として目立つ存在ではありませんでした。実戦で打者と対戦してこそ生きるタイプ。投げている球だけでは見えない、良い部分がたくさんありました。

　走者を背負ってセットポジションから投げても、球速も制球力も落ちない。冷静で、間合いも取れるし、牽制もできる。ピッチャーとしての能力はすべてにおいて、すごく高かった。

　アマチュアの投手はここぞという場面で力んで球が高めに浮くも

▲社会人時代の大貫晋一投手。社会人3年目の2018年の
ドラフト会議で、横浜DeNAから3位指名を受けた

のですが、彼の場合はそんな時こそ良い球が行く。そういった長所は何試合も見ないと評価できない部分です。

　大貫は「もっと球速を上げたい」と言っていましたが、私は「そのままでいいから。見る人は見ているから」と言いました。

　2018年のドラフト会議で横浜DeNAから３位で指名された時は「ああ、やっぱり評価してもらっていたんだな」と感じました。

　大貫は私の「プロになる選手は、こういうタイプだ」という固定観念を覆してくれました。プロに行く選手は本当にガツガツしている感じがあって、負けず嫌いで、ヤンチャ気味で……。そう思っていたのですが、大貫はまったく違うタイプです。良い意味で、プロ野球選手っぽくないプロ野球選手と言えると思います。

　その彼の良さは、変わっていません。プロ２年目（2020年）には一軍ローテーションに定着してチームトップの10勝を挙げましたが、そのシーズンオフも自主練習でグラウンドに来て、淡々と練習をしていました。今後も彼らしく活躍を続けてくれたら、と思っています。

松本　航

プロに行かせないといけない投手

　私がコーチに就任した2015年に、松本航が入学してきました。

　沖縄県久米島での春季キャンプで、初めて松本とキャッチボールをしました。

　すると、すごいボールが来る。肩甲骨周りが柔らかく、胸を大きく張ったフォームで体の前（捕手寄り）でリリースできる。指先に

かかった、回転のいいボールでした。

　松本は明石商業高校（兵庫）のエースで、兵庫県では１、２を争うレベルの好投手だとは知っていたのですが、実際に投球を見ていたわけではなかったので、「モノが違う。こんな選手が日体大に来たのか」と驚きました。本人はプロ志望だとも聞いていたので、同時に「これはプロに行かせないといけないピッチャーだな」と思いました。

　彼が練習する姿勢は、高校時代に日体大OBである狭間善徳監督の指導を受けていただけあって、しっかりしていました。走るのも苦手ではないし、キャッチボールも１球１球集中して、丁寧にやる。ブルペンでの投球練習を見ても、「大人だな」という印象でした。
　ただ、投球には日によって波がありました。試合で投げてみないとわからない。アベレージが140㌔ぐらいで最速で143㌔が出る日もあれば、アベレージが136、7㌔ぐらいで最速が140㌔の日もあった。球速差だけではなく、コントロールのバラつき、投球動作での体重の乗り方などもその日によって差がありました。

　安定感がない要因は、フォームにありました。左足を振り子のように振り上げてトルネード気味に勢い良く投げるのですが、軸足のヒザがつま先よりも前に出てしまって、踏み出した足がインステップしてしまう。踏み出した足もぐらついて、固定されない。体の柔らかさはあっても、力強さが足りなかった。投球動作を支える筋力をつけていかなければならないと、課題がハッキリ見えました。
　その課題に、試行錯誤しながら二人三脚で取り組みました。

　当時の私は指導者１年目だったので、自分の経験でしか話せないことも多かったと思います。そんな私に、松本は本音で答えてくれました。例えば「股関節をはめて体重を乗せてみようか」と話した

▲日体大時代の松本航投手。2018年のドラフト会議で埼玉西武から1位指名を受けた

時、「その感覚がわかりません」という答えが返ってきました。

　彼がわからないことはわからないと答えてくれたおかげで、私もどう言えば伝わるのか、どうしたらわかりやすいのか、いろいろ工夫しました。私が言う事を松本が理解する、松本が理解すれば私も整理できるという形で、二人で会話を重ねていきました。

　課題を解決するための練習のメニューも、二人で話し合いながら、「じゃあ、これをやってみよう」と1から作り上げていきました。今、日体大で取り組んでいるメニュー（第5章でご紹介します）には、その時に作られたものが多数あります。

「変化球でかわすより、直球を磨き続けろ」

　筋力が付くと、フォームも安定し始めました。やればやるほど結果が出ると言いますか、成果が顕著に表れてきました。

　1年春にリーグ戦でデビューして、1年秋には1回戦の先発が松本、2回戦の先発が大貫というローテーションが確立。松本は5勝を挙げました。

　先発を任されるようになったことで、松本は試合で勝つために変化球を磨こうとしていました。しかし、私は「待った」を掛けました。

「目の前の試合で勝つことも大事だけど、この先に上の舞台で活躍することを考えよう。変化球でかわすより、直球を磨き続けろ」と話しました。

　2年の春には松本が6勝を挙げ、リーグ優勝しました。全日本大学選手権では1回戦の九州産業大学で先発。140㌔台前半のキレのいい直球を軸に10三振を奪ったのですが、5回にソロ弾を打たれて0対1で敗れました。

　私としては「よく頑張った」と見ていました。しかし、プロのスカウトの方の評価は「2年後にドラフト4位とかでプロに入って、

リリーフとしては面白いんじゃないか」という感じでした。

「ああ、まだそんなものなのか」と思いました。やはりプロは求めるレベルが高い。このままだとプロに行けたとしても、少し物足りない。もっとやっていかないと——。その一言で、そう気付かされました。さらなる成長の為に、第2段階としてどうしようか、と考えました。

松本の特長であるストレートが、キレもあって球速も出るものになれば「鬼に金棒」です。私はウエートトレーニングについて深く学んで、取り入れていきました。筋力を付けるだけではなく、並行してジャンプ系のトレーニングメニューを増やし、瞬発力も養っていきました。

日体大では、この頃から、筋肉の量が増えているかどうかを把握するために体重に加えて、体脂肪率や除脂肪体重（体重から体脂肪を除いたもの）を測り始めました。

また、それまでは全員で同じ練習をする形だったのですが、各自の課題に対する個別練習をするようにもなりました。

これらは今の日体大では当たり前になっている取り組み（詳しくは第3章でご紹介します）ですが、松本の第2段階の成長のために良いと考えたことがきっかけになって、新たに始まったものです。

まずは球速、その後に制球力を求めた

3年春のリーグ戦で初めて150㌔が出ました。その反面、制球にバラつきが目立ちました。四球が増えて、ストライクを取りに行ったら打たれるという投球でした。

2勝どまりで、防御率も3点台。成績はこれまでで一番悪かった。リーグ戦の途中から、東妻勇輔に1回戦の先発の座を奪われ、2回戦の先発に回っていました。

このシーズンの結果で、本人は焦ったと思います。でも、私は「やっていることは間違っていない」と思っていました。

　まだ３年秋と４年春、秋がある。勝った、負けたという目先のことよりも、彼には自分の成長を第一に考えさせたい。ここから身体のバランスを整えてフォームが固まっていけばいい。

　彼は試合の結果が良くないとすぐにネガティブになるので、敗れた試合の後は必ず連絡するようにしていました。リーグ戦が終わった時も「初めて150㌔が出て、よかったな」とプラスの言葉しか掛けませんでした。

「やろうとした課題に対して、クリアしていったということだから。できなくなったこともあるけど、次はフォームを安定させていこう。それを支えられるだけの練習をしよう」と話しました。

　３年夏には侍ジャパン大学代表に選ばれました。日米大学選手権（米国）では２試合で登板。優勝に王手をかけた第４戦では１対０とリードして迎えた８回からマウンドに上がりましたが、２安打を打たれて同点に追いつかれてしまった（チームは延長タイブレークの末に１対３で敗戦）。

　松本はこの時に「自分の力の無さを感じた」と言っていました。直球に対する手応えを感じながら、足りないところがまだまだあるとわかったようです。

　代表からたくましくなって帰って来ると、秋にかけての練習でフォームも固まっていきました。

　左足を振り子のように使って勢いをつけるフォームで150㌔が出ましたが、安定感を求めて、上げた左足を止めて、しっかりと立つオーソドックスなフォームに修正していました。勢いをつけなくても速いボールが投げられる身体になったからこそ、無駄な所を減らせたと思っています。

　３年秋には制球がまとまり、投球も安定しました。リーグ戦では

４勝を挙げ、防御率0.77をマークして３季ぶりの優勝に貢献。明治神宮大会でも東妻との二本柱でチームを37年ぶりの日本一に導いてくれました。

そこからは私がアドバイスできることが減りました。自分で気付いて、ドンドン成長した。大学通算30勝を挙げ、2018年のドラフトでは埼玉西武から１位指名を受けました。

コーチに就任して１年目に入ってきた選手がこれだけ素質のある選手で、私も「松本をプロに行かせるために、自分も頑張ろう」と成長させてもらったと感じています。指導者としては当たり前の話なのですが、当時は新米だったので、大切な部分に気付かせてもらいました。

東妻勇輔

「長所を消してまで短所を直す必要はない」

東妻勇輔は、松本と同級生です。彼の第一印象は「ボールを全力で投げるのが好きなんだな」でした。本人は将来の目標としてプロを口にするほどの自信がなくて「教員志望」と書いていましたが、私はプロを目指せる素材だと思いました。

とにかく体全体を使って、思い切り投げる。身体能力が高く、走っても速い。何に対しても意欲があって、全力で取り組んでいました。

ただ、コントロールできない。投げるボールもですが、練習も。ブルペンに一番に入って投げるのですが、ストライクが入らない。ランニングも全力で走りますが、最後はバテバテになる……。野球

小僧と言うか、気持ちが前面に出るタイプでした。

　1年夏の横浜商科大とのオープン戦で先発を任せましたが、初回に四球を連発しました。押し出し四球もあって失点を重ねたので、さすがに古城監督も「代えようか？」となったのですが、私は「このぐらいはあるだろうな」という範囲内だと考えていました。

　彼はその試合で140㌔を超える直球をずっと投げ続けました。カウントを悪くしようが四球を出そうが、打者に向かっていく姿勢は変わらない。大貫や松本にはない、気迫がありました。

　直球だけではなく、スライダーを投げる時もしっかり腕を振って自分の投球ができる。並みの投手なら力を加減してストライクを取ろうとしたり、その場しのぎになったり、マウンドで暗い表情をしたり、自信を無くしたりするでしょう。

　東妻は違いました。「よし、次！　よし、次！」という感じで、全力で投げ続けていました。それこそが彼の長所です。

　その姿を見て、「将来は150㌔近く出るかもしれない。松本と二枚看板になって、プロに行く可能性がある」と思いました。

　同時に、彼の良さを無くしてはいけないと考えました。東妻には「自分の長所を消してまで、短所を直す必要なんてないよ」と言いました。

　1年秋にようやく一軍のオープン戦で登板するようになり、首都大学リーグの新人戦で投げました。その時は筑波大戦でサヨナラホームランを打たれたのですが、すごく悔しがっていたのを覚えています。

　この頃はまだ、ストライクが入れば良いけど、入らなければ交代。次の投手を準備しておかないといけない状態でした。それでも、彼が投げているのを見ると、ワクワクした気持ちになりました。

　東妻の長所を消さずに、制球力を高めるにはどうすればいいか。

▲日体大時代の東妻勇輔投手。2018年のドラフト会議で千葉ロッテから2位指名を受けた

単純なのですが、キャッチボールから始めました。「まずは相手が腕を伸ばして捕れる所に投げよう」と伝えました。

急に胸の真ん中を狙って……というのではなく、全力で強い球を投げるというベースは変えず、次は相手が腕を伸ばさずに捕れる所と、だんだん胸の真ん中に近づいていくようにしようと考えていました。

すると、彼の中でキャッチボールの意識が変わりました。それまでは、ただ全力で投げるだけ。それは悪いことではないのですが、キャッチボールと試合が繋がっているという意識はなかった。「キャッチボールでは、ただ肩ができればいい。速い球を投げられればいい。ブルペンでしっかり制球すれば、試合では入るでしょ」という考え方に見えていました。

それからは、キャッチボールを丁寧にやるようになりました。それが投球にも表れるようになり、だんだんコントロールが良くなっていきました。

キャッチボールと並行して、フォームも修正しました。そんなに大きく変えたわけではありません。捕手方向に体重が乗り切らず、左足が突っ張る形になっている。その結果、腕の力に頼って投げてしまっていることだけを指摘しました。

捕手方向に体重を乗せるために、股関節周りの可動域を広げようと伝えました。東妻のためのトレーニングとして、メディシンボールを担いで股関節の力を使って投げるメニューを考案。本人も意図を理解して取り組んだ結果、少しずつ修正できました。

「150㌔を目指せ」

東妻の直球は、入学当初は最速144㌔でした。私は「150㌔を目指せ」と言っていました。

東妻は「150㌔なんて出るわけない」と思っていたようですが、

フォーム修正やトレーニングの成果で、2年春のキャンプの紅白戦で自己最速を更新する145㌔を計測しました。

彼の中で、「やればできるんだ」と、リミッターが外れたのだと思います。その後のオープン戦で149㌔を計測するなど、どんどん成長していきました。

コントロールも定まってきて、2年春からリーグ戦で登板するようになりました。先発も任せ、筑波大戦で初勝利。本人も自信がついたのでしょう。1年時は「なぜ投げさせてくれないんだ？」と態度に出す方だったのですが、2年になって結果が出始めて、余裕が持てるようになりました。2年秋が終わった時点では「来年は松本と東妻と二枚看板で行ける」と思いました。

東妻が大きく成長したのが、3年春。明星大戦でリーグ戦初完封を果たすなど3勝を挙げました。

それまでは松本が1回戦の先発として投げていましたが、自分の力で奪い取って、リーグ戦の途中から1回戦の先発を務めました。

球速も目標にしていた150㌔の大台に到達。東海大戦で152㌔を計測するまでになっていました。

松本への強烈なライバル意識

彼はとにかく負けず嫌い。特に松本へのライバル意識が強かった。1年時は自分がリーグ戦でベンチに入れない一方で、松本が登板している姿を見て、悔しさを味わっていました。

1年秋頃から「ライバルは松本」と口に出すようになった。2年秋の新チーム結成時には目標に「打倒・松本」と書いて、古城監督から「味方を倒してどうするんだ」とたしなめられていました。

そんなライバルの存在があったからこそ、常に自分を限界まで追い込んだ練習ができたのでしょう。

3年の夏頃から、二人はお互いの実力を認め合ったのだと思います。それまでは一緒に練習している姿を見たことがありませんでしたが、二人でキャッチボールをしたり、意見交換をしたりする姿が見られるようになりました。

　それが3年秋に繋がりました。松本が4勝を挙げれば、東妻も4勝を挙げ、防御率1.74をマーク。明星大戦ではノーヒット・ノーランも達成するなど、まさに「Wエース」という活躍でチームをリーグ優勝に導き、最優秀選手に輝きました。

　その後も松本へのライバル意識は相変わらずでした。明治神宮大会切符を懸けた関東地区大学選手権では、初戦の神奈川工科大戦で東妻が6回無失点と好投。準決勝の国際武道大戦では松本が完封。明治神宮大会の切符をつかみました。

　決勝の創価大戦は、ローテーション通りなら東妻の先発なのですが、既に明治神宮大会の出場は決めており、明治神宮大会を見据えて西澤大（現日立製作所）が先発しました。その流れで、松本がこの大会の最優秀投手賞を受賞しました。

　すると、東妻は「決勝で投げさせてくれたら、絶対に僕が最優秀投手になっていた」と言っていました。普通は、コーチである私にそんなことは言わないですよね(笑)。でも、私は勝負の世界なので、それも良いと思いました。二人が認め合っているからこそ、意識する。「アイツより良いピッチングをしたい」という思いなので。

　明治神宮大会では、初戦の九州共立大戦で松本が先発。7回から東妻が救援して、タイブレークの末に7対1で勝ちました。準決勝の東洋大戦では、松本が4安打完封勝ち。すると、決勝の星槎道都大戦では東妻が2安打完封勝ち。二人の力投で37年ぶりの日本一になりました。

　決勝戦の試合前、松本が「オレもいるから」と声を掛けると、東妻は「イヤ、絶対に譲らない。出番はないよ」と答えていました。

　4年春には、横浜DeNAの二軍とのオープン戦で二人が登板しま

▲3年秋の明治神宮大会では、準決勝で松本投手が完封。
決勝で東妻投手が完封して37年ぶりの日本一に輝いた

した。先発した東妻は、初回は力んで制球を乱した。イニング間に松本から「力んでるよ。もっと楽に投げたら？」とアドバイスを受けると、東妻は２回以降、その通りに修正。４回３安打１失点でまとめました。松本は９回の１イニングを投げ、１安打無失点でした。

　東妻はドラフトイヤーを迎え、「自分は目立ちたがり屋なので、スカウトの方の前で力んでしまうことがある」と言っていました。私は「目立とうとしなくても、自分のピッチングをすれば結果は出るし、周りは評価してくれるぞ」と言いました。

　４年秋には９月３日の帝京大戦で東妻が自己最速を２㌔更新する155㌔を計測しました。

　すると、松本も９月８日の東海大戦で自己最速を１㌔更新する155㌔を出しました。

　その後も二人は切磋琢磨しながら成長して、東妻は2018年のドラフトで千葉ロッテから２位指名を受けました。

吉田大喜

ドラフト指名漏れで日体大へ

　吉田大喜は、私が初めて現場で高校生をスカウトするという形で視察に行った投手です。大阪府立大冠高校の東山宏司監督は日体大OBの方で、古城監督から「良いピッチャーがいるから、投手コーチの目線で見て来てくれ」と言われ、同校のグラウンドまで行きました。

　身長175㎝ぐらいで、筋肉質ではない。運動能力という点でも、他の選手と比べてもそんなに飛び抜けた感じではありませんでした。

ごく普通の公立高校で野球をやっている選手という印象でした。

　いざキャッチボールとブルペンでの投球練習で彼が投げるのを見ると、フォームがすごくきれいでした。パッと見ただけでは欠点が見つけられず、「これは良い投手だな」と感じました。

　直球でも変化球でもストライクが取れて、好不調の波が少ない。それは練習量というよりも、下級生の頃からエースとして投げて、実戦で鍛えられたもののようでした。

　大冠高校はグラウンドがサッカー部や陸上部と共有で、室内練習場もありません。練習はシンプルに、投げて打って……というものだったようです。本人はバッティングピッチャーに多く入っていたと言っていて、器具を使ったトレーニングはほとんどしていませんでした。

　３年夏の大阪大会では公立高校として７年ぶりに４強入り。「公立の星」と注目されました。

「自分の力量を知りたい」とプロ志望届を出しましたが、指名はされず。「大学の４年間で頑張って、もう一度プロを目指そう」と日体大に入学して来ました。

　入学直後は、初めての事が多かったのではないかと思います。トレーニングの種類、それぞれの種目で意識する点などは「細かいな」と思ったでしょう。

　話をした印象は「好青年」。高校時代からそれほど競争がなかったからなのか、欲も負けん気も、表には出てこない選手でした。

　一つ上の学年に松本、東妻がいる中、吉田は１年秋からリーグ戦で登板するようになりました。７試合で３勝を挙げ、防御率1.73。投球の完成度は高かったのですが、課題は明確で、アベレージの球速がなかなか出ませんでした。高校時代の最速は146㌔でしたが、平均するとだいたい140㌔前後。そこから上はなかなか出ませんで

▲日体大時代の吉田大喜投手。2019年のドラフト会議で東京ヤクルトから2位指名を受けた

した。

自分で自分の殻を破り、成長した

　2年春には制球力がさらに良くなったのですが、どうしても球威が不足していました。コーナーのギリギリを狙うため、コントロールは悪くないのにフルカウントになるケースが多かった。それは、本人の慎重な性格の影響もあったのですが……。

　2年夏には右ヒジを痛めてしまった。吉田は「秋を棒に振ってしまった」と悩んでいたので、私は「いい選手はケガ明けに活躍する。ケガをマイナスではなく、プラスにしよう」と声を掛けました。投げられない間、吉田は黙々と下半身を強化するトレーニングに励んでいました。

　2年秋は公式戦登板ゼロ。リーグ戦と関東地区選手権ではベンチを外れていました。日本一になった明治神宮大会ではベンチに入っていましたが、松本と東妻の2人で投げ切ってしまい、登板機会はありませんでした。優勝しても、素直には喜べなかったのではないかと思います。

　この秋には1年生の森博人が台頭してきていました。同級生の北山比呂（現東芝）も成長してきた。一方で、吉田は伸び悩んでいました。

　これは後になって本人に聞いた話ですが、「もっとやらないといけない」と焦りがあったそうです。

　私が見ていても、それは感じました。この2年秋から冬までの間に、吉田は目に見えて変わりました。自分の将来についても考えて「このままではいけない」という気持ちが、練習への取り組みから伝わってきました。

　2年秋の時点では、「もう一皮むけないと、プロへ行くのは難しいだろうな」というレベルでした。苦しいランニングやタイムを切

る練習の時にも、少し弱さが出ることがあった。私は「自分に対しても、周りに対しても、もう少し負けん気が欲しい」と感じていました。

負けん気がない故に、彼には厳しくは言いませんでした。吉田の優しい性格からすると、無理やり厳しくしても野球が嫌いになって、やる気がなくなってしまうのではないか……。そう思って、彼のペースに合わせていました。

それが、２年秋を転機に「コイツらに勝たないといけない」という気持ちが芽生えた。その結果、３年春にかけてグッと成長しました。

まず、ウエートトレーニングの重量が上がった。ランニングに関してもそれまでは下から数えた方が早いぐらいでしたが、特に短距離、シャトルランの折り返しや50m、30mのタイムが速くなりました。

それは球速にも表れた。春季キャンプで自己最速の149㌔を計測。春のリーグ戦では150㌔に達したのです。いきなり球速が伸びて、三振が取れる投手になった。この成長曲線は、私の予想を上回るものでした。元々フォームの完成度は高かったので、体力が上がることで、そのまま出力が上がりました。

３年秋まではリリーフでの登板が多かったのですが、４年時からは主に先発を務めるようになりました。

４年春は勝ち星こそ１勝でしたが、７試合で防御率1.23（リーグトップ）をマーク。夏には侍ジャパン大学代表に選ばれ、日米大学野球選手権の全５試合でセットアッパーを務めると、無失点で優勝に貢献しました。

４年秋には自己最速を152㌔に更新。東京ヤクルトからドラフト２位で指名されました。チームメートに胴上げされている吉田を見て、「見違えるようになったな」とうれしくなりました。

入学時は体力面では飛び抜けた存在ではなかった吉田が、指導者や周りから言われたからではなく、自分から殻を破ろうとして変わったことで、大きく飛躍した。大学の4年間でここまで成長できるというお手本を示してくれました。

私の方からとやかく言わなかったのは、正解だったのかなと思います。吉田は後に雑誌のインタビューで「野球が嫌だと思ったことがない。もし嫌になっていたら、辞めていたかもしれない」と話していました。それを読んで、「やっぱりそうだったんだな」と思いました。

指導者が工夫して、選手のやる気がより出るように促すのは大事だけど、無理に「やる気を前面に出せ」と注意してはいけないこともある。私にとっても勉強になりました。

森　博人

プロへ行くには体作りが課題

森博人は、私が一からスカウティングを行った初めての選手です。それまではOBの方から名前が挙がった選手の所へ行く形でしたが、森の出身校である豊川高校（愛知）からは過去にスポーツ推薦で日体大に入学した選手がいなかった。繋がりがない中でのスカウティングでしたが、自分から足を運んで勧誘しました。

古城監督からは「お前が見て、そう思うなら」と信頼していただいたので、うれしかったですし、その分の責任感もありました。

森は愛知県では3本の指に入る投手で、2年生の時から頭角を現していました。

私が初めて見たのは、2年生の冬。豊川高校の室内練習場のブルペンで投球を見せてもらったのですが、その時もすごいボールを投げていて、ビックリしました。立ち投げだけだったのですが、肩が強く、高めのボールは凄まじい勢いでした。

　ただ、体がすごく細かった。第一印象は肩が強い、球が強い、体が細い。この3つでした。その時、すぐ古城監督に電話をして、「すぐにでも欲しい投手です」と報告しました。

　当時の森は身長176cmで体重は60kgほどでした。後日談ですが、森が高校3年の秋にリーグ戦の試合を見に来た。その時、森が私服を着ていたせいもあって、古城監督も私も中学生かと思った（笑）。そのくらい体が細かったですね。

　森が入学してきた時、松本と東妻が3年生でした。

　当時の森は直球の最速が143㌔。スライダーのキレはありましたが、全体的には「プロへ行ける」というよりは「将来は日体大でエースになって、社会人野球の名門チームに進んで何年もやるような投手になるだろな」という感じでした。

　ただ、本人はプロへの意識がすごく強かった。松本や吉田は自分から「プロ、プロ」と言うタイプではなかったし、東妻も当初は自信がなくて教員志望と話していました。対照的に、森は自分でハッキリと「プロに行きたい」と発言をするタイプでした。

　その時点では厳しいとか、無理だと思う人もいたと思います。プロに行くためには、体作りが課題でした。当時からスライダーは130㌔ぐらいの球速が出ていたので、「今の体でこの球が投げられるなら、体ができて直球が150㌔ぐらい出るようになったら、いったいどうなるんだろう。スライダーもプロで通用する球になるんじゃないか」と思っていました。

　森には体重と除脂肪体重の事を口酸っぱく言い、毎週測るようにしていました。一気に増やすのではなく、数百㌘ずつでも良いので四年間を見据えて、少しずつ体を作っていこうと話しました。

▲日体大時代の森博人投手。2020年のドラフト会議で中日から2位指名を受けた

本来は脂肪だけが増えても動きが悪くなるので、体重と除脂肪体重が増えるバランスが大事なのですが、森の場合は単純に体重を増やしても良いかなと思うくらいでした。本人もかなり頑張って体を作っていきました。

　フォームについては一点だけ、改善を促しました。下半身がうまく使えていなくて、上体の強さに頼る投げ方だったので、「このままだとヒジの故障につながる」と思ったからです。
　具体的には、ブルペンでの投球練習では投げ終わった後にあえて軸足が上がらないようにキープして、踏み出した足の股関節に体重がずっと乗っている状態にする。そうすれば、下半身に負荷がかかったまま投げ終わるので、上半身とのバランスが保てると考えました。投げることで股関節周りの強化にも繋がるという狙いもありました。
　入学してから3週間ほどはブルペンで付きっ切りの形で、来る日も来る日もブルペンで同じ投げ方を繰り返しました。スライダーは春先から夏にかけてはブルペンで投げるのも封印しました。

　森のいい所は、私が見ていなくてもアドバイスを受けたことを行い、継続できることです。入学してきたばかりの1年生だと、普通は飽きる。指導者が見ていなければ自分の投げやすいフォームで全力で投げると思います。
　森は、いつ見ても指導した通りの動きで投げていました。投げる根気強さはすごいなと感じました。夏までは楽しくなかったんじゃないかと思います。
　日体大では通常はボールを使わない練習でフォームを改善していきます（詳しくは第5章でお伝えします）。森はとにかく投げるのが大好きだったので、投げながら修正する方法にたどり着きました。ブルペンで投げながら投球動作を改善した、日体大では珍しいタイプの選手です。

緊迫した場面での登板で成長した

　試合での起用方法も、他の投手とは違いました。1年生にもかかわらず、あえて緊迫した場面で投げさせました。

　森は「プロになりたい」など、自分がやりたいことをすべてこちらに言えるタイプ。緊張感を楽しめる選手で、厳しい場面で相手と勝負する方が気持ちが入ると思ったからです。森には3年生、4年生になった時にはチームのエースになって欲しいという気持ちもありました。

　初登板は、1年秋のリーグ戦開幕カードの筑波大戦。いきなり先発を任せました。

　「今日は4イニング限定で」と伝えてマウンドに送り出すと、初回に三者連続三振。途中で多少の不安定さはありましたが、初登板・初先発でこういうピッチングができるのは持ち味だと思いました。

　その後の武蔵大戦での投球は、忘れられません。この試合で先発した東妻が初回に2点を取られましたが、その後に逆転して3対2になった。東妻は2回以降は無失点で8回まで投げていて、球数的にもまだ余裕がありました。

　私は、学生野球は勝つことだけではなく成長がなければいけないと考えています。この試合で東妻が完投しても成長には繋がらないけど、どうしようか……。迷いながらブルペンを見たら、森がすごく良い球を投げていました。

　終盤の1点差というしびれる展開で投げさせたら、森の野球人生に繋がる経験になる。これからの練習にも身が入るだろうと思いました。森に「9回、行くぞ」と伝えました。

　東妻は8回を投げ終えてベンチに戻ってきて、次の回も投げて完投する気満々でした。森はそれを見て、気持ちの準備はまったくし

ていませんでした。

東妻に「OK！交代！」と伝えたら、東妻は「えっ？」という表情でした（笑）。「完投できます」と言うのですが、「完投できるのはわかっているよ。また次、どこかの試合で完投、完封したらいいから」と話しました。

東妻との会話を森が聞いていたので、「森、早く準備しろよ」と言ったら、森は「え、冗談だと思ってました」と。私はそんな場面では冗談なんか言いませんよ。

準備といっても肩は作っているので、気持ちの準備だけ。「行ってこい」と送り出したら、三者連続三振。自己最速の146㌔を出したのです。こんな場面で、これほどの投球ができるようになったのか――。私の中では、この試合が森が成長するタイミングだったのかなと思っています。

体重は1年秋までに74kgぐらいまで増えました。私は「何百g増えたな、よかったな」としか言っていませんでしたが、自分で栄養や食事について考えるようになった。だからそうやって成長したのだと思います。

体重が増えても、ランニングでは50m、30mの短距離のタイムが速くなっていて、動きも良くなった。彼の努力でしかありません。

森が春先からずっとやってきたことで、私にも「このシーズンはやってくれる」という自信がありました。「投げさせてあげないと申し訳ない」というほど成長していた。それを試合でそのまま出して、結果を残したという形です。たまたまではない、積み上げてきたからこその成功を体験ができたのは、大きかったと思います。

結果が出たのは必然と言える努力家

そこから先は、私が細かく指導する事はなくなりました。少しアドバイスしたら、それを自分で掘り下げて、取り入れていきました。

　球速だけが成長の指標ではありませんが、2年春には149㌔を計測。「やっていることは間違いではない」と確信して、さらに取り組みに熱が入りました。

　3年春には150㌔の大台に乗せ、3年秋には155㌔に到達しました。それでも満足せず、「今の段階では直球を突き詰めたい。160㌔を出したい」とどん欲になっていました。

　4年時には主に先発するようになりましたが、「緩急も大事だけど、打たせて取って完投を狙うより、7回2ケタ奪三振で無失点の方がいい」と、自分の強みに集中していました。

　森は自分で必要だと考えた事を、指導者からは見えない所で根気強くやっていました。すぐに結果が出たように見えると思いますが、それだけのことをやっていました。

　無駄な時間を過ごさず、すべてを野球につなげる。食事にしても、年に1回は栄養学のセミナーを開いてもらっていますが、それを本当に日頃の行動に移している選手は何人いるか。そこが彼の素晴らしいところです。

　合宿所では1年時には松本、2年時には東妻と同部屋になって、彼らの姿勢から学んだり、フォームや練習方法についてアドバイスを積極的に受けたりしたようです。

　2年時には松本と東妻、3年時には吉田がドラフト上位で指名されたことで、「プロに行くのはこういう選手だ」と目標が明確になったのも大きかったでしょう。

　2020年のドラフトで中日から2位指名され、プロでも私の後輩になりました。インステップしてサイドスローに近いスリークォーターから投げる角度のある球は、他の投手にはない魅力です。存分に生かして、プロでも活躍して欲しいと思っています。

第2章

指導者への道

挫折も味わった少年野球時代

　私が野球を始めたのは、3歳上の兄・皓平の影響です。兄は京都ヴィクトリーズというボーイズリーグのチームで野球をやっていました。私は親に連れられて、兄の練習や試合を見に行っていました。
　そのチームは元々は中学部しかなかったのですが、小学部も作ることになり、私は小学校4年生の時に第一期生として入団しました。

　4年生の時は、三塁を守っていました。5年生になると、当時の指導者の方から「肩が強いから、ピッチャーをやってみたらどうだ？」と言われて、投手としてプレーするようになりました。
　最初は、いわゆる「ノーコン」でした。ストライクがほとんど入らなかった。打撃でもバットを振っても当たらない。三振ばかりするので、九番打者でした。
　ある日、あまりにも当たらないので、指導者の方から「縫い目、見えてるか？」と、ボールを見せらました。
　それが、そもそも見えていなかったのです。視力が悪かったからなのですが、私はそれが空振りの原因だと気付いていませんでした。
　眼鏡をかけると、ボールがよく見えました。漫画みたいな話ですね。それから打てるようになって、三番打者になりました。投手をやってもストライクが入るようになって、実力がついていきました。
　遊びの延長だと思って野球をやっていましたが、5年生の終わりぐらいには「プロ野球選手になりたい」と思うようになりました。
　そうすると、だんだん欲も出てきます。チームの練習も厳しくなっていったので、「しんどいな。イヤだな」という気持ちも多少はありました。でも、それ以上に「うまくなりたい」「もっといいピッチャーになりたい」という気持ちの方が強かったですね。

　小学校6年生の時、ジャイアンツカップ（全国大会）で優勝。中

学生になると、そのまま京都ヴィクトリーズの中学部に進みました。

　練習はさらに厳しくなりました。ブルペンで1日約200球を投げたこともあります。投げ込むことが練習だと思っていましたし、投げることを楽しんでいました。

　中学3年生の時、全国大会で8強入り。そのときの活躍が認められて全日本選抜に選ばれ、アメリカ・サンディエゴで開催された世界大会に出場。3位に入賞しました。投手としては主に抑えで、打者として五番で出場した試合もありました。

「もうピッチャーはできない」

　高校は京都外大西高に進学しました。1学年上に大野雄大さん（中日）がいました。小学校（京都市立砂川小）、中学校（京都市立藤森中）でも同じ学校の先輩です。私は硬式野球をやっていましたが、大野さんは軟式野球をやっておられたので、高校で初めてチームメートになりました。

　高校に入学した直後に、右ヒジを痛めてしまいました。実は入学する頃にはすでに、投げると何球かに1球かは違和感を覚えるようになっていました。

　そのことを指導者の方に報告しないまま投げ続けていたある日、紅白戦での登板中に「痛い！」となって、球速が急に出なくなりました。

　指導者の方に言われて病院へ行くと、医者から「右ヒジの靭帯を損傷している。もうピッチャーはできない。この年代でこの状態はかなり悪い」と言われました。藁にもすがる気持ちで他の病院も回りましたが、診断結果はどこも同じでした。

　投手としてプロへ行きたいのに、もうできないのか……。落ち込み、悩みました。

　そんな時、4歳上の姉・蓉子が関西メディカルスポーツ学院を紹

介してくれました。その学校の学生であった姉が、学長の摩季れい
こ先生に相談したところ、診てもらえることになったのです。

　摩季先生は診断を終えると、「負担がかからない投げ方にしてい
けば、ピッチャーができるよ」と言ってくださいました。暗闇の中
に、一筋の光が差したような感じでした。そこから、リハビリの日々
が始まりました。

右ヒジのケガから学んだこと

　負担がかからない投げ方——。初めて耳にする言葉でした。それ
までは、ただ何となく投げているだけだった。どう投げればいいか
までは考えたことがありませんでした。

　摩季先生やトレーナーの青山武士さん(現AOYAMA TRAINING
LAB代表取締役)が私のキャッチボールの映像を見て、投球フォー
ムの問題点を分析してくださいました。体のしくみも教わりまし
た。青山トレーナーの指導で、フォームを改善するシャドウピッチ
ングやインナーマッスルの強化といったメニューをこなしていく。
その途中経過を摩季先生が見て、アドバイスしてくださいました。

　高校での練習が休みになる週1日を利用して、約1年半、通いま
した。最初はずっとリハビリ。次の段階として、テニスボールを投
げ始めました。初めは18.44mにも満たない距離。やがて18.44mが
届くようになり、さらに塁間の距離（27.34m）で投げられるよう
になった時、「ああ、進歩したな」としみじみ感じました。

　そんな日々の中で「練習って、こういうものなんだ」と学びまし
た。それまではただ投げて、捕って、打って……という練習をがむ
しゃらにやっていただけ。それが、「こういうフォームだから故障
する。こういうフォームなら故障はしにくい」「ここを痛めている
から、ここを強化しないといけない」など、一つひとつの意味を考
えながら、集中して練習するようになりました。「野球の勉強みた

いだ」と楽しみで、ワクワクしながらメニューに取り組んでいました。

　高校での練習や試合で同級生が投げているのを見ると「うらやましいな」と思うこともありました。

　1年生の夏、チームは甲子園で準優勝しましたが、私はスタンドにいました。自分はケガで出られない中、スタンドでみんなといっしょに応援するのはイヤでした。どうしようかと考えた末に、旗持ちをやらせてもらいました。でも、浜風が吹くアルプススタンドの一番上で旗を持つのは、応援よりキツかったですね。

　そんなモヤモヤした気持ちもありましたが、関西メディカルスポーツ学院に行けば「また投げられるようになるんじゃないか」と思わせてくれた。

　高校では当時の部長兼ピッチングコーチだった真鍋知尚先生が、期待して何かと声を掛けてくださった。そういう支えがあったから、投げられないことに苦しさを感じながらも、心は折れませんでした。「ピッチャーとしてプロになりたい」という思いも、消えることはありませんでした。

　高校時代のこのケガの経験があったからこそ、その後はケガをしなかった。その時期に学んだことも、今の指導にも生きていると思います。

高校最後の夏、背番号「3」で甲子園出場

　少しずつ投げらえるようになると、まず野手（一塁手）としてレギュラー争いに加わるようになりました。京都外大西高の上羽功晃監督が私の打撃を評価して起用してくださったのは、本当にありがたかったです。

　本格的に投げられるようになったのは2年生の夏頃から。その夏の京都大会で公式戦初登板を果たしました。

2年秋に新チームになると先発するようになりましたが、大事なところは私ではなく、他の投手が任されていました。私は投げても5回まで。体力的にも、技術的にもそのあたりが限界でした。5回を過ぎるとつかまったり、制球が乱れたり。絶対的な信頼を得ていたわけではありませんでした。

　3年夏は背番号「3」で、一塁手兼投手。京都大会では6試合中4試合に先発して5回くらいまで投げ、その後は一塁へ回りました。
　チームは夏の京都大会で2年ぶりに優勝して、甲子園出場を決めました。チームとしては1年夏、2年春にも甲子園に出場していますが、自分がユニフォームを着て出場するのは初めて。私は3回戦の長崎日大高戦で先発しましたが、5回途中2失点で降板。4対5で敗れました。
　高校最後の1年間は、「野球をやっている」という実感があって、充実していました。試合で完投したわけではないのですが、投げられる喜びを感じました。それまでの2年間は試合での勝ち負けもなく、リハビリの毎日でしたから。

一塁手としてスポーツ推薦で日本体育大へ

　高校卒業後の進路については、「高校時代の実績がないので、関東の野球の名門大学にはいけないだろうな」と考えていました。上羽監督に「家（京都）から近い大学に行きたい」と相談したところ、「辻はプロを目指して、関東で野球をしろ」と言ってくださいました。
　上羽監督は、日本体育大の筒井大助監督（当時）に「将来が楽しみな選手がいる」と薦めてくださいました。ちょうど筒井監督が、北大津高（滋賀）の宮里裕樹選手を視察するタイミングと重なる幸運もあって、練習試合を見に来ていただけることになりました。

　その練習試合には「四番・投手」で出たのですが、ピッチングは
球速がMAXで135㌔。アベレージは130㌔ほど、制球もバラバラで、
「なんとか抑えた」という結果でした。バッティングの方では二塁
打を三本打った。その打撃を評価していただいて、一塁手としてス
ポーツ推薦で入学することができました（宮里とは日体大でチーム
メートになりました）。

　京都外大西高から日体大へ推薦で入学したのは、私が初めて。現
役を引退した後は指導者になりたいという気持ちもあったので、日
体大に進学できたのは、願ったり叶ったりでした。
　筒井監督は「投手でも野手でも、やりたい方をやっていい」とい
う方針でした。高校時代は投手としては不完全燃焼でしたので、大
学で投手としてチャレンジできることがうれしかったですね。

　同級生には、高校時代に活躍していた選手が特待生として合格し
ていました。私は特待生ではなく、推薦という立場。「大学に入る
までに、もっと練習しなければいけない」と気持ちが入りました。
　高校３年夏の甲子園で負けて高校野球を引退した後も、それまで
のように週６日の練習に参加しました。上羽監督から「３年の夏が
終わってからここまで練習するのはお前だけや」と言われるほどで
した。
　引退するまでは野手としての練習もしていましたが、引退後は大
学で投手として勝負することを見越して、投手だけの練習に専念し
ました。
　すると、少しずつ球速が上がっていきました。３年夏の甲子園で
は141㌔を計測していたのですが、日体大の練習に合流して３月に
ブルペンで測ると、144㌔が出ました。

他の新入生は引退してからそれほど練習をしていなかったからか、高校時代より球速が落ちていたのでしょう。そんな中で、目立つことができた。1年春の首都大学リーグ戦からベンチ入りメンバーに入れていただきました。

4年春のキャンプで計1500球の投げ込み

　2008年に入学して卒業するまでの4年間で、リーグ戦通算63試合に登板することができました。出場試合数は野手並みです。22勝しましたが、18敗もしています。

　この4年間は、高校での3年間とまったく違う時間でした。高校時代は練習に明け暮れた。大学では高校3年時よりも、さらに野球をやっている実感がありました。実戦でここまで多く投げられるとは、思っていませんでした。

　2年時に古城隆利監督が就任。2年春のリーグ戦から先発として起用されるようになりました。
　2年春は4勝（1敗）を挙げたのですが、それから同秋が3勝（4敗）、3年春が2勝（4敗）と、だんだん勝てなくなり、3年秋は0勝2敗に終わりました。
　4年春の春季キャンプ前。私は「5勝」を目標に設定しました。すると、古城監督から「それで優勝できるのか？」と言われました。投手に故障者が出たこともあって、投手陣の台所事情は厳しかった。古城監督としては「お前がエースなんだぞ」と、私に責任を持たせるために言ってくださったのだと思います。私は目標を「8勝」に上方修正しました。
　当時は、東海大が8連覇中。投手には菅野智之（巨人）がいて、捕手は伏見寅威（オリックス）、三塁に坂口真規（元巨人）、遊撃には田中広輔（広島）……と、すごいメンバーが揃っていました。

▲日体大時代の辻コーチ。1年春からリーグ戦に登板。2年春から主戦を務めた

東海大を倒して優勝するには、やはり自分がやらなければいけない。チームのためにもですが、自分のためにも「今のままの成績ではプロには行けない。プロに行くには、まだ力が足りない」と思っていました。

　何かアクションを起こして、自分を変えなきゃいけない──。4年春の和歌山キャンプでは、とにかく投げ込む計画を立てました。8勝するためには、より多くの試合で投げなければならない。そのための準備として1日150球を10日連続、計1500球を投げ込みました。

　全球を全力投球したわけではありません。当時は制球力が課題だと考えていたので、とにかくストライクゾーンにドンドン投げ込みました。

　投げ込んでいる中で、力の抜き方をつかみました。3年秋までは肩の強さに頼って投げていた。打者に対して「打たれてたまるか！」と力んでいたので、試合終盤にはバテていました。

　投げ込みの結果、下半身をうまく使って投げられるようになり、ペース配分を考えながら、力まずに打たせて取る投球ができるようになりました。

4年春の10勝でプロへの扉が開いた

　迎えた4年春のリーグ戦。2011年4月16日に開幕戦の帝京大1回戦で完封勝ちしたのを皮切りに、5月23日に最終戦の筑波大3回戦で完投勝ちするまでに14試合中13試合で登板（そのうち12試合が先発）。首都大学リーグ新記録となるシーズン10勝、東海大・菅野投手と並ぶリーグタイ記録のシーズン5完封で、チームの13季ぶり20回目のリーグ制覇に貢献することができました。

　10勝3敗、防御率1.35。93回1/3を投げ、9四死球。やってきた練習の成果が数字に表れました。

　10勝したことよりも、投げられて楽しかった。高校時代はケガで満足に投げることができなかった自分が、ここまで頼りにされた。これまでの苦労をすべて忘れるような、言葉にできない達成感がありました。

　両親、姉、兄、上羽先生、真鍋先生、摩季学長、青山トレーナー……。名前を挙げ切れないほど多くの方々の支えでここまで来られて、結果として恩返しできたのはすごく良かったと思いました。

　シーズン中、体力的にはすごくキツかった。でも、試合前日に古城監督やチームメートから「明日も頼むぞ」と言われ、マウンドに上がれるのが、本当にうれしかった。もちろん、登板に向けての体のケアは悔いのないようにやっていました。

　この４年春の実績がなければ、その年（2011年）のドラフトでの中日からの４位指名はなかったかもしれません。

　ただ、担当していただいた石井昭男スカウト（当時）は、後に「あそこで勝っていなくても、オレはちゃんと見てたぞ」と言ってくださいました。

　石井さんは、私が４年春のキャンプで投げ込む姿を見てくださっていました。これは後に古城監督に聞いた話ですが、その時、石井さんは古城監督に「これはすごい。活躍するよ。東海大に勝てるかもしれんぞ」と言っていたそうです。「投げ方やリズムが変わったな。今まではただ一生けん命に投げていただけだったけど、淡々と投げて良いボールがいくようになった」とホメてくださったとも聞きました。

同学年のライバル・菅野智之の存在

　当時の首都大学リーグの話題の中心は、東海大の157㌔右腕・菅野投手でした。彼は２年生の時から大学日本代表に入っていて、この年のドラフト１位候補として押しも押されもせぬ存在でした。

▲4年春は14試合中13試合に登板して10勝。チームの全勝
利をマークして、13季ぶりのリーグ優勝に貢献した

　4年春のリーグ戦では、2カード目で東海大と対戦。私は3日連続で先発しました。

　1回戦は菅野投手と投げ合い、私は6回3失点で降板。菅野投手に完封され、0対3で敗れました。2回戦は私が3安打完封して、4対0で勝利。3回戦では再び菅野投手との投げ合いとなり、私が5安打完封。9回裏に味方が菅野投手から1点を奪って1対0でサヨナラ勝ちして、東海大から勝ち点を奪いました。

　同じリーグの同学年に菅野投手のような素晴らしい選手がいたからこそ、「自分を変えなければいけない」と思うことができました。個人対個人で勝てる相手ではないので、どうやったらチームで勝てるのか、どういう野球をすれば良いのかと、考えるようにもなりました。

　また、彼のおかげでメディアやスカウトの方々を含むたくさんの人が注目している中で、自分も良いピッチングができた。チームとしても、個人としても、人生が変わったと思っています。

　私が菅野投手を「ライバル」と言うのはおこがましいのですが、野球選手にとって、そういう存在は大事です。日体大では松本航と東妻勇輔がそうだったように、チーム内に競い合うライバルがいれば、なおいいのではないでしょうか。

　自分一人では、なかなか気付くことができません。「アイツには負けたくない」「アイツを追い抜きたい」という存在がいることで、自分を見つめ直す。「自分は今のままではダメだ」とか「なんとかして自分の殻を破ろう」という思いが芽生える。「優勝したい」「プロに行きたい」と口で言うだけではなく、本気になる。だから、目標に向かって行動できる。練習への取り組み方や日頃の過ごし方が変えられるのだと思います。

ドラフト４位指名で中日へ

　2011年のドラフトで４位指名を受け、中日ドラゴンズに入団しました。

　プロでも大野さんの後輩になったわけです。私は、高校時代に大野さんがもがき苦しんでおられたのを見てきました。誰が見てもいい素質を持っておられる一方で、制球面など課題もあって、背番号も「１」を着けたことはなかった。それでも佛教大で努力を続け、「大学No.1左腕」と呼ばれるまで成長して、プロにたどり着いた人です。

　私が大学３年秋に０勝で苦しんでいるとき、大野さんがドラフト１位で指名された。「よし、オレも」と励みになりました。

　ドラフトの前日には、大野さんが「ドラフト、見とくわ」と連絡をくださいました。ドラフト当日、中日から指名を受けた後は私から連絡しました。入団後も何かと面倒を見てもらって、大変お世話になりました。

　私はプロで３年間を過ごしましたが、一軍では２年目に13試合に登板しただけ（０勝０敗、防御率4.58）。プロで成功体験を積んだとは思っていません。むしろ、何もないと言ったほうがいいでしょう。

　大学では常時130㌔後半の直球と変化球を低めに集める投球で勝てていましたが、プロではそうはいかなかった。二軍では期待していただいて、チャンスももらいましたが、その期待に応える力がなかった。チーム内にすごい投手がたくさんいたというのもありますが、それ以上に自分自身が成長できませんでした。

　１年目には、二軍監督（当時）の鈴木孝政さんから「お前のチェンジアップは一級品だ」とホメていただきました。ただ、プロの打者は初見では打てなくても、慣れてくると対応できるので、打たれ

るようになってきました。

　ストレートを含めて他の球種がそこまでではなかったので、武器であるチェンジアップが際立たなかった。その球に頼りすぎてしまったというのもあります。

　プロで活躍するには、自分の武器である球種を、他の球種や投球術で、どう生かすかが大事です。その課題をつぶさなければならなかったのに、できませんでした。

　球速、球威、コントロール……。新しい球種も覚えたかったのですが、習得できなかった。フォームも「左肩の開きをなくしたい」「テークバックをこうしたい」と頭ではわかっていても、思うようにいきませんでした。

　練習量は増えましたが、それが成長に結びつかず、結果にも表れなかった。苦しかった３年間でした。

プロでの挫折が今に生きている

　高校、大学時代の課題と比べて、プロの課題はクリアするまでの壁がやはり高くなります。

　今の自分には、野球に対する知識や方法論が当時よりも多く身に付いています。「あの時に、もう少しそういう所まで考えないといけなかったな」という反省はあります。

　プロで活躍している投手で、スピードはなくても抑えている人はたくさんいます。そういう人はやはり知識が豊富にあり、課題に対する正しい練習をしている。当時の自分には、知識が足りませんでした。今くらいの知識があれば、もっと成長できていたと思います。

　特にフォームの修正に関しては、そう言い切れます。当時は「こう直そう」として、ただひたすらブルペンやネットスローで投げていただけでした。

　今であれば、投げる練習だけではなく、課題に対するトレーニングもして、成長に繋げているはずです。当時は投げる練習は投げる

練習、トレーニングはトレーニングと分けすぎていました。自分なりに一生懸命やっていましたが、もっと正しい方法、効率の良い方法があったと思います。

「あのとき、もっとこういう練習をしていればよかった」という思い。何かを改善したり、習得したりする難しさ。そうしたプロでの経験が今、指導者として生きています。

　現在、成長を模索する学生を指導しながら、「ああ、あの頃の自分に似てるな。自分もできなかったな……」と思うこともあります。学生が私と同じような思いを味わわないように、なんとかサポートして、できないことができるように導いていきたいと思っています。

戦力外通告を受け指導者の道へ

　2014年のシーズン終了後、戦力外通告を受けました。
　その直後に日体大の古城隆利監督が「コーチとしてやってくれないか」と声を掛けてくださいました。
　私は「トライアウトを受けるので、結果が出るまで待っていただけますか」と、返事を保留しました。
　トライアウト前夜はよく眠れず、当日も緊張していました。両親と姉もトライアウトを見に来て応援してくれましたが、オファーはありませんでした。
　いくつかの社会人野球のチームからは声を掛けていただきました。せっかくのお話でしたが、元々「指導者になりたい」と日体大に進学していたので、社会人野球で現役を続けるよりも、現役として野球ができる状態で指導者になろうと考えました。

　正直、葛藤はありました。自分から辞めたいと思ったわけでもなく、ケガをしたわけでもない。「まだできる」「もっとやりたい」という気持ちがあったのは確かです。

　両親と夜中まで話した日もあります。父は「野球をやってくれ」と言いました。父からは叱られたこともなく、それまで好きなようにさせてもらっていました。そんな父からこういう形で言われたのは、この時が初めてでした。

　それでも、決心は変わりませんでした。2015年1月30日付で学生野球資格を回復。古城監督のお話を有難くお受けして、同年4月から母校のコーチになりました。

　2018年4月から2020年3月まで、日体大の大学院でコーチング学やバイオメカニクスを学びました。

　大学院生たちとの会話の中で「センスがあればなんでもできるよな」という言葉が出たことがありました。

　その時、スポーツバイオメカニクスの授業をして下さっていた阿江通良教授が「指導者がそれを言ったらダメだよ」と仰いました。その言葉がずっと頭に残っています。一人ひとりの目標に対して導いてあげるのがコーチの役割だと、改めて考えさせられました。

　今後は大学院で学んだ知識を指導に役立てながら、選手に還元していきたいと考えています。

偉大な先輩・山本昌さんに受けた影響

　私が中日にいた頃、先輩に山本昌さんがおられました。当時のNPB現役最年長選手で、すでに200勝も達成されていました。プロで1勝もしたことのない若手の私にとっては、雲の上の存在でした。

　でも、昌さんはそんなことをまったく感じさせない方でした。自分の練習が午前中で終わったあと、若手の自主練習が始まる16時頃になるともう一度グラウンドに出てきてくれて、いろいろなことを教えてくれました。

　プロの現役選手は、自分のことだけを考えるのが当たり前です。

個人事業主ですから、会社で言えば社長と同じ。自社の成功や成長を第一に考えています。競合する他社の成長を考えている人は、ほとんどいないでしょう。

プロの世界でも、先輩に訊きに行けば、教えてくれます。でも、「自分はこうしている」という経験や技術を伝えることがほとんど。参考にはなっても、そのまま自分に当てはまるとは限りません。

昌さんは、そうではなかった。訊きに行った人がうまくなることを考えておられました。

先輩が後輩に教えるときは、「上から目線」になりがちです。でも、昌さんはそこも違いました。話したいことが話せる。聞きたいことが聞ける。そういう雰囲気を作ってくださいました。

昌さんが二軍で調整するとき、私はキャッチボールなど練習のパートナーのような感じでずっと相手をしていただきました。練習後のロッカーでも、いろいろな話をしてもらいました。

その中で、私が何を思っているのか、どこをどうしたいのかを聞いてくれました。そのうえで、私に合った方法を探して、「辻だったら、こうかな」「それなら、こうしたほうがいいんじゃないか」「こんな方法もあるよ」と丁寧にアドバイスをしてくれました。

しかも、一度言って終わりではなく、その後もずっと見守ってくれました。アドバイスされたことを私が試しているのを見て、合っていないようであれば、「じゃあ、こっちの方が良いかも」とまたアドバイスをしてくれました。

それは私に限ったことではありません。どんな人にでも親身になって、その人に合った言葉をかけておられました。

その人のことを知り、理解して、あくまでもその人に対してのアドバイスをする。これはもう「コーチング」そのものです。昌さんに教わった内容はもちろん、その接し方や教え方も大きな財産になりました。

　野球人として、昌さんのような先輩になりたいと思っています。コーチになった現在は、当時の昌さんと私との関係を、私と選手との関係に置き換えて考えています。

　日体大には約60人の投手がいますが、彼らにとって「話を聞きに行きたい」と思える先輩でありたいと考えています。

第3章

100人100様の指導法

100人いれば100様の指導法がある

「コーチ」の語源は、「馬車」だと言われています。馬車の役割は、乗っている人を目的地まで送り届けること。野球の指導者に置き換えると、その役割は選手を成長させ、目標を達成できるように導くことです。

日体大には、毎年約10名から15名の投手が入学してきます。スポーツ推薦組もいれば、一般受験組もいます。高校時代の実績はもちろん、体格差や体力差にもかなり幅がある。球速だけを見ても、140㌔台の投手もいれば、110㌔台の投手もいます。

当然、将来の目標もそれぞれ異なります。全員が「プロ野球や社会人で野球を続けたい」と考えているわけではありません。ほとんどの学生が、大学で野球を終えます。「将来は教員になって、野球の指導者になりたい」という学生もいますし、一般企業に就職する学生もいます。

それなのに、全員に「オレはこうやってきた」「プロではこうだった」と私の経験だけを伝えても、あまり意味はありません。私はみんなに成長して欲しいし、一人ひとりを目標へ向かって導きたいと考えています。

私は2018年から2年間、日体大の大学院で学んだ中で、阿江通良教授から「コーチングでは、1人に教えたことを100人に教えることはできない」と教わりました。

指導する人数をnとすると、「1対n」ではありません。「(1対1)×n」です。

指導者は、自分の成功体験を「これが正解だ」と決めてしまいがちです。例えば、自分自身が実績を残した方法や、教え子がプロ野球選手になった指導方法。その方法をルールのようにして、100人に当てはめてはいけません。

　100人いれば、100様の指導方法があります。登山に例えるなら、登りたい山は一人ひとり異なるし、体力も性格も経験値もそれぞれ。全員が同じ方法で頂上まで登ることなどできません。

　球速を120㌔から130㌔に上げるのと、140㌔から150㌔に上げるのは、まったく異なる指導になります。同じ150㌔を目指すにしても、今の延長線上に150㌔がある投手と、そうではない投手がいます。それぞれに個別の指導が必要です。プロを目指す投手にしても、松本航に対しては松本なりの方法があり、東妻勇輔にはまた彼に合った別の方法がありました。

　指導者は選手一人ひとりと向き合い、その選手に合った指導方法を探して、実践しなければならない。私はそう考えて日々の指導に臨んでいます。

選手の成長には段階がある

　選手が成長していく過程には、いくつもの段階があります。

　まずは「知らない」。あることについて、そもそも知らないから、それができない状態です。専門用語では「無意識的無能」と言います。

　次は「知っているけど、できない」。誰かに教えてもらったり、本やテレビ、インターネットの動画などで学んだりして、知った。頭では分かっているつもり。でも、自分で実践することはできない。この状態を「意識的無能」と言います。

　3つ目の段階は「意識すれば、できる」。そのことを意識したり考えたりしながらなら、できる。でも、それがいつでも当たり前にできるほどまでは習慣化されていない。この状態を「意識的有能」と言います。

　4つ目の段階は「意識しなくても、できる」。そのことを意識したり考えたりしなくても、体がその動きを覚えているので、いつで

も当たり前のようにできる。この状態を「無意識的有能」と言います。

　さらに、その先には「自分が意識しなくてもできることを、人に教えることができる」という段階があります。

成長の段階

人に教えることができる

意識しなくてもできる

意識すればできる

知っているけどできない

知らない

指導者は「意識すれば、できる」ように、そして「意識しなくても、できる」ように選手を導かなければならない

「できない」から「できる」の壁は高い

　成長の段階の中で、「知っているけど、できない」と「意識すれば、できる」の間には、大きな段差があります。

　自転車に例えてみましょう。子どもの頃、自転車に乗れるようになった時のことを思い出してください。

　人が自転車に乗っているのを見て、ペダルを漕げば前へ進むこと
は知っている。でも、いざ自分がやってみると、うまく乗ることが
できない。親に後ろから支えてもらったり、何度も転んだりしなが
ら、だんだん乗れるようになっていく。初めて何の補助もなく乗れ
るようになるまでには、試行錯誤する期間があったと思います。

「意識すれば、できる」と「意識しなくても、できる」の間にも、
また大きな段差があります。
「意識すれば、できる」は、投球で言うと、ブルペンでは思い通り
の動きで投げられる段階。「体が捕手方向に突っ込まないようにし
よう」とか「体が早く開かないようにしよう」などと気を付けなが
ら投げれば、そういう形で投げられる状態です。
　次の「意識しなくても、できる」は、自転車で例えるなら、街中
で交通ルールを守り、周りの状況に気を配りながら、安全に乗れる
状態。投球で言えば、試合で打者に対峙した時、もっと言えば得点
圏に走者を背負った場面でも、その動きが当たり前にできる状態で
す。
　この段階になって初めて、本当の意味で「できた」と言えます。
試合では緊張したり、力んだりしてしまいます。それでも同じ動き
ができる。ちょっと感覚と実際の動きがズレていれば、すぐに修正
できる。そういう状態までもっていかなければなりません。

　私は、入学してきた投手にミーティングでこの話をしています。
そして「できなかったことが意識すればできるようになるよりも、
意識すればできることが意識しなくてもできるようになるまでの方
が時間がかかるんだよ」と伝えています。
　最終的には、上級生になった時に「人に教えることができる」と
いう状態になって欲しい。日体大の選手を見ていると、先輩が後輩
に教えたり、同級生の選手同士で教え合ったりするケースが多いで
す。これは、とてもいいことだと思っています。

「できない」から「できる」へ導く

　指導者の役割は、子どもが自転車に乗れるようになることで例えるなら、親のようなもの。選手に寄り添い、どのようなヒントを与えればできるようになるのか考えながら、あの手この手で「できない」から「できる」に導かなければなりません。

　その時、「知っているけど、できない」と「意識すれば、できる」、さらに「意識しなくても、できる」の間にある壁の高さを忘れてはいけません。

　それを忘れてしまうと、「こんなに教えているのに、なんでできないんだ？」とイライラしてしまいます。例えば、ストライクが入らない投手に「なんでストライクが入らないんだ！」「やる気あるのか？　ちゃんとストライクを入れろよ！」と怒鳴るのは、野次と同じ。指導者でなくても言えます。

　子どもに自転車を買ってあげて、うまく乗れない時に「なんで乗れないんだ！」などと怒りますか？　そんなことはないですよね。

　壁の高さと、それを乗り越える難しさが分かっていれば、指導も変わってくるはずです。

　教えた時にできない選手がいても「そうそう、『知る』と『できる』は違うんだよな」「できない理由はこれなのかな」「この部分は前より少しできるようになったな」と、選手に一緒にやっているような感覚で寄り添う。できない選手を責めるのではなく、「伝え方はどうしようかな？」と自分に矢印を向け、いろいろ工夫しながら、できるように導いてあげる。選手が段差を乗り越えられるように、手を差し伸べたり、後押ししたりする。それこそがコーチングだと私は考えています。

「練習でできる」と「試合でできる」は異なる

　練習でできていることが試合でできなかった時、「メンタルのせいだ」と考える人が多いのではないでしょうか。

　でも実際は、練習では「意識すれば、できる」状態でしかないのに、「できた」と勘違いしているだけ。無意識でできるほど、体が動きを覚えてない。打者や周りの状況に意識が向くと、その動きができなくなる。逆に試合中にその動きを意識すると、投げることだけで精一杯。打者や周りの状況を見る余裕がなくなってしまいます。

　意識しなくても自分の動きが当たり前のようにできれば、他のことを考える余裕があります。打者を見て、何を考えているのか判断できる。視野も広がり、落ち着いて周りに声を掛けることもできます。

　どこかを意識しながら投げるのは、練習ですべきこと。試合ですることではありません。

　試合は、練習でやってきたことを披露する場。試合中ではなく、試合後に振り返って課題を見つける。技術面の課題だけではなく、その動きができる筋力や柔軟性が足りないなど体力面の課題もあるでしょう。「練習でやってきたけど、まだ無意識にはできていないな。もうちょっとここを突き詰めていかないといけないぞ」「ここを強化するには、このメニューの回数を増やさないといけないな」と考えて、練習で一つずつ解消していきます。

　それを何度も何度も繰り返して、ようやく「意識しなくても、できる」状態になります。練習でもまだその状態にもなっていないの

に、試合でそれができるはずがありません。

　指導者は、練習で意識すべき点を試合中に意識させてはいけません。

「体が開いているぞ。開くな！」

「ヒジが下がっているぞ。上げろ！」

「頭が前に突っ込んでいるぞ。残せ！」

「球が浮いているぞ。低めに投げろ！」

　試合中に「ああだ、こうだ」「ああしろ、こうしろ」と言っておいて、さらに「打者を見て、状況を考えて投げろ」と注文する。そんなにいっぺんにいろいろなことができるはずはありません。

　指導者がすべきことは、日頃の練習でその選手ができるようになる方法を見つけ、できるようになるまで寄り添うこと。選手はみんな「できるようになりたい」「もっとうまくなりたい」と励んでいます。

　選手自身が「これをやればうまくなれる！」と感じれば、自ずと自発的に練習するようになり、さらに深く追求していくようになるはずです。

　もしも指導者が「選手が自ら動かない」「やる気が感じられない」「うまくなりたいという欲が見えない」と不満に感じるなら、ふと立ち止まるべきです。「こんなに教えているのに……」と思うのは違う。そうなっているのは、指導者自身ができるように導けていないからかもしれません。

　選手を成長させるために、指導者も知識や練習方法などの引き出しを増やしていって、レベルアップしないといけません。私も「○○選手を成長させてあげることができなかった」と振り返ることばかりです。まだまだ学んでいかないといけないことがたくさんあると感じています。

指導者の一言が選手の野球人生を大きく変えるかもしれない

　私は投球の技術について指導する時、思ったことがあっても、すぐにはアドバイスしないように心がけています。試合中はもちろん、練習でも同じです。

　ブルペンでの投球練習を見ていると、「ここをこうした方がいいよ」と言いたくなることがあります。

　それをその場ですぐに指摘すると、どうしても言うことがコロコロ変わってしまう。1週間前に言ったことと今日言ったことが違っていると、選手はどうしたらいいのか迷います。

　だから、グッと噛みしめて、見守るようにしています。後日、選手と一緒に本人の投球フォームを見ながら話せるように、スマートフォンで動画を撮影します。

　今日も見守る。明日も見守る。来週も見守る。その間に、プロの投手の動画や新聞・雑誌の記事など、選手にとってヒントになりそうな情報がないか、探しておきます。

　グラウンドに出ていない間に、どれだけ考えるか。選手にとって大事ですが、指導者にとってはもっと大事です。「彼に何を、どう伝えようか」と考え抜かずに、個別のアドバイスなどできません。

　見守って、見守って、それでも自分の考えが変わらなければ、ようやく伝えています。ですから、私が投球技術に関してアドバイスする頻度は少ないと思います。

　「試合は課題を見つける場」と前述しましたが、私は投手が投げた試合の映像は、全試合分を必ず4～5回は繰り返して見ています。試合中にも見ていますが、後で冷静になって見返すことで、見えるものがたくさんあります。

▲ブルペンで投手の投球フォームを撮影する辻コーチ。投げ
ているのは、大学3年時の東妻勇輔投手（現千葉ロッテ）

　アドバイスする際は、一緒に投球フォームの映像を見ながら、「こ
の部分はこうした方がいいんじゃないか？」「この持ち味を生かし
て、こうしよう」などと話します。
　選手本人の考えや力だけでは、たどり着かない答えもあります。
対話の中で導きながら、選手と一緒になって、よりよい答えを探し
ていきます。

　修正した方がいい点がたくさんあっても、「あれもこれも」では
なく「まずはこれ」という点に絞ります。
　選手は「自分に合うのはこれだ！」「これをやれば、うまくなる」

と一つに照準を合わせると、そこに集中して取り組むことができます。いろいろなことをいっぺんにやろうとしても、身に付きません。「昨日はAの部分について言われた。それをやっていたら、今日はまたBの部分のことを言われた」となると、あっちを直している間に、こっちも直すことになる。自分のフォームが固まらなかったり、バランスが崩れて連動性がなくなったりしてしまいます。

「ここ」と決めたら、自分のものにするまではそこを突き詰めていく。それが大事です。

　選手がそれを納得しているかどうかも重要なポイント。指導者が「こうだ」と思っても、本人が納得しておらず、「やれ」と言われたから渋々やっているようでは、練習の質も上がらないし、成果も出ないでしょう。

　選手に納得してもらうためにも、いろいろ考えた中から「確実によくなる」と自信を持って言える「これ」を伝えるようにしています。

「ここの部分を直そう」と伝えたら、そのためのキャッチボールやトレーニングに取り組んでいく。そして、またブルペンで投げているのを見守る。直そうとしている部分がフォーム全体の流れの中でどうなっているかを分析します。

　前よりも少しでも良くなっていたら、「今、意識したところはどこ？」などと聞き、やろうとしていることができたからなのかどうか、それが意識してできたのか無意識にできたのかなどを検証しています。

　私はこうして一人ひとりを指導しながら、「誰に、いつ、何を、どう伝えたか」を必ずメモしています。

　何を言ったかを忘れてしまうと、選手に「アレ？　この前に言われたことと違うな」と思わせてしまうかもしれません。私にとっては指導している選手が多数いても、選手にしてみればコーチは私一人。自分にそう言い聞かせています。

メモを見返した時や、ふと我に返った時に、「あ、以前は違うことを言っていたな」と気付くこともあります。そうしたら、すぐに選手に説明します。それができるかできないかで、選手の信頼感はまったく変わってくると思っています。

　大学を卒業後、プロや社会人に進む選手はほんの一握り。ほとんどの選手は大学の４年間で本格的な野球人生を終えます。その４年間の指導者の責任は、とても重い。たった一言で、その選手の野球人生が大きく変わってしまうかもしれないのです。だから、その場の思い付きで簡単にアドバイスすることはできません。

　その一言を言うために、時間をかけて準備する。言ったことは忘れない。指導者にとっては当たり前のことだと私は考えています。

４年間で結果に繋がる個性を育む

　日体大では「選手には成長するための時間が４年間ある」という方針で、一人ひとりが目標に向かって段階的に成長するように指導しています。

「守破離」という言葉があります。元々は茶道などの修行の過程を示したものです。

「守」は基本を学び、忠実に守って、繰り返して習得する。軸となるものを作り上げます。

「破」は身に付けた基本を破り、当たり前のレベルを上げる。軸をベースにして「もっとこうした方がいい」とアレンジを加え、個性を作っていきます。

「離」は基本にとらわれずに独創的な考えや、自分だけの新しいものを作る。師匠（指導者）を越える。プロフェッショナルに近づけば近づくほど、「自分のコーチは自分自身」という状態になったり、指導者と一緒に考えながら、ともに成長していくようになったりします。

「離」で指導者を越えて初めて、本当に強い個性、自分だけの強みができていきます。

　ここで言う個性とは、結果を出すための個性です。個性と言うと、何でも自分のやりたいようにやることだととらえがちですが、それはただの「形無し」。基本を身に付けた上での個性、つまり「型破り」でなければ結果は出ません。

　それは一流のプロ野球選手を見れば、よく分かります。彼らはそれぞれオリジナリティがありますが、練習ではみんな「守」に戻っている。投球でも打撃でも守備でも、基本の型を淡々と反復しています。

　選手には、4年間をかけて最終的に「結果を出すための個性」にたどり着いて欲しい。「守破離」の「破」であり、「離」です。

　1、2年生の間はその前の段階。「守破離」の「守」。投球動作の「基本」を知り、それを習得していきます（投球動作の基本については、第4章でお伝えします。その基本動作を習得するためのトレーニングについては、第5章でご紹介します）。

　前述のように、基本を知ることと、その動きが無意識でできることの間には、いくつもの段階があります。せっかく知識があっても、自分の体を思うとおりに動かすことができなければ、パフォーマンスは発揮できません。

「基本を知り、自分が思うように体を動かせる」という土台ができて初めて、次の段階として「個性」を作っていきます。

投手育成は、選手を知ることから

　一人ひとりを成長させ、目標を達成できるように導くために、私はまず選手を知ることから始めています。

　新入生が入学してくると、名前と顔を一致させるのは当たり前。

一人ひとりと会話も交わしますが、レポートを提出してもらいます。経歴、投球スタイルの特徴や持ち味、性格など、いろいろな情報を把握して初めて、深いコミュニケーションが取れるからです。

　みんな、自分が成長するために練習しようとしています。もちろん、それを妨げるのが指導者であってはなりません。

　そうでなくても、選手が自分の可能性を信じずに、自分で自分の成長を妨げてしまうこともあります。そうならないように見極めたい。そのために長所や、どうなりたいかを知ることからスタートします。

　項目を挙げると、以下の通りです。

【新入生を知るためのレポート】

☐ 身長、体重
☐ 出身地、出身校
☐ 小学校、中学校、高校での野球の経歴
☐ 投球スタイル
☐ アピールポイント
☐ 今の課題
☐ 大事にしていること
☐ 性格の長所と短所
☐ 将来の目標

「経歴」は、チーム名や戦績、成績だけではなく、立場も含みます。例えば、エースだったのか、2番手、3番手だったのか。どういう起用をされていたのかといったことです。

「アピールポイント」は、武器や長所だと思っていること。

「今の課題」は、高校を卒業した段階で、「大学ではこういう点が必要だな」と自分が考えている課題です。入学後に先輩から指摘さ

れたり、私の話を聞いた後で思ったりしたことではなく、すでに思っていることをまず知りたいのです。

「大事にしていること」は、例えば「高校では、こういうことを大事だと考えていた」とか、「キャッチボールの前には必ずこういうことをやっている」といったこと。何を大事にしながらやってきたかを知っておかないと、私がそれに対して反することを言ったとしても疑問に思うだけ。それを知ることで、「今はこうした方が良いよ」とか、「それも大事だけど、プラスしてこれもやったらどう？」とアドバイスできます。

　選手に「書いてきて」とお願いしても、最初はなかなか詳しく書いてはくれません。

　そんな時は「私は全力でサポートしたい。君の目標に対して、達成できるようにアドバイスしていきたい。君のことを知らないと、それはなかなかできない。選手側からもコミュニケーションを取ろうとしてくれないと、指導者からの一方通行になってしまうよ」と伝えて、書き直してもらっています。

　すると、最初はレポート用紙1枚分だったのが、裏表や数枚にビッシリと書き込んでくれるようになります。

▲新入生が提出したレポートの例。B5の用紙にビッシリと書き込まれている

選手自身が自分を知ることも大事

　指導者が選手を知ることも大事ですが、選手が自分のことを知ることも大事です。選手自身が自己を分析する意味でも、このレポートは大きな役割を果たします。

　レポートを書くために、時間をかけて自分のことを考察して、評価する。自分のことを文字にして人に伝えるのは難しいものですが、その過程で自分の考えがより明確になります。

　その結果、改めて気付くことがあるはず。それが「自分を変えよう」「殻を破ろう」というきっかけになります。

　例えば、投球のアピールポイントや課題と、性格の長所と短所を書き出すことで、「野球の課題と性格のこの部分が重なるところがあるな」などと気付くことができます。

　性格の短所を直すことで野球の短所が直ることもあるし、野球の短所を直したことで性格の短所が直ることもある。性格の長所を投球に生かせるようになることもあるでしょう。

　大学へ進学すると、高校までとは環境がガラッと変わります。「環境が変われば人が変わる」と言いますが、環境が変わるだけでなく、環境に合わせて自分がプラスに変わろうとすることが必要です。

　そうでないと、ただ環境に慣れるだけ。大学野球が、高校野球の延長で終わってしまいます。

　周囲が「昨日までの自分」を知っている状況では、今日から自分を変えようとしても気後れするかもしれません。でも、大学ではいろいろな高校からいろいろな人が集まってきて、新しいスタートを迎える。これは、変われるタイミングでもあるのです。選手には「自分にプラスになるのであれば、どんどん変わればいい。このレポートをそのきっかけにしよう。このレポートを書いたことで成長したり、野球が楽しくなった先輩たちを何人も見ている。君たちも今、

この入学して来た時を大事にしてほしい」と話しています。

　高校までは、良くも悪くもチーム全体で動く。「自分」というよりも、「チーム」を大事にしてきたと思います。大学でもチームが大事なのは変わりませんが、自分も大事。「チームがこうだから、自分もこうする」で終わるのではなく、「自分はこうなりたいから、こうしよう」と自分で考え、動くことも求められます。その意味でも、このレポートで自分を知り、指導者に伝えることが大きな役割を果たしています。

定期的に自分を見つめ直しながら成長していく

　日体大には250名を超える部員がいます。大きくはAコースの学生コーチ（コーチング班、トレーニング班、リサーチ班など）、Bコースの選手（一軍、二軍、三軍）、そしてマネジャーに分かれています。
　選手には「２年生の春のリーグ戦の時点までに三軍から二軍に上がる。３年生の春のリーグ戦までに二軍から一軍に上がる。４年生の時には一軍にいる」という目標が設定されています。これは、この時期までに達していなければ選手として続けるのではなく、学生コーチとしてサポートに回るなどの判断をするためのラインとして設けています。日体大では野球部を希望するすべての学生の入部を受け入れており、その中で強いチームを作っていくためのルールとして、古城監督が発案されたものです。

　日体大の投手には、春のリーグ戦終了後や秋の新チーム結成時、新年の練習始めなど節目のタイミングで、以下の内容について自分で考え、レポートとして提出してもらっています。

【選手が節目に提出するレポート】

- □ 次の節目までに自分がどうなりたいのかという目標
- □ それを達成するための体力面、技術面の課題
- □ 課題をクリアするために、どんな個別練習をするか

　私は全員のレポートに目を通して、「この選手は今のこういう課題に対して、これからこの練習をやりたいんだな」と把握します。

　大事なのは、現状と目標、目標と課題、課題と練習が合致しているかどうか。選手たちは自分の事を分かっているので、それほど大きく間違っているケースはありません。ただ、私が「今の段階ではまだ難しいから、もう少しシンプルなことで成功体験を積んだ方がいいんじゃないか」「この課題なら、こういう練習もあるよ」などとアドバイスすることはあります。

　この時に「なぜ、そうなのか」という理由もきちんと説明しています。単に「これは違う。こうしろ」と言われても、選手は納得せず、やる気も出ないでしょう。

　個別練習のメニューをたくさん書いてくる選手もいますが、「オレにアピールしなくていいんだぞ。『どんなことがあっても、これだけはやる』という最低限のことを書きなさい」と言います。

　日体大では、練習時間が３時間あるとすれば、全体練習としてこちらが提示したメニューを消化するのは１時間半。残りの１時間半は、各自が自分の課題をクリアするための個別練習に取り組んでいます。私は提示したメニューで個別練習ができなくならないように配慮しています。

　自分が「やる」と決めて書いたのですから、自ずと責任感も芽生える。「気分が乗らないから、今日はいいや」という事にはなりま

せん。

　目的と手段が明確になっていれば、選手は積極的に練習に取り組みます。指導者から「この練習をやっておけ」と言われてやらされるのではなく、選手自身が考えて、何をどれだけできるか。その自主性がより大きな成長に繋がります。

　学年が上がるにつれ、野球に関する知識や考え方も向上していきます。それがこのレポートの内容にも表れます。入学時に比べると、そのレベルがどんどん上がって行きます。

　自分の目標から逆算して、節目ごとに自分を見つめ直す。これから何をしなければいけないのかを自分で考えて、行動して、成長する。成長したら、また自分を見つめ直す。この繰り返しで、目標に向かって進んでいきます。

数値で自分の現在地を知る

　自分が成長しているかどうかを測るには、指標となる数値が必要です。

　もちろん勝利数、防御率、奪三振率、与四死球率といった投球成績や球速なども指標となりますが、日体大では体重や体脂肪率、除脂肪体重、ランニングのいろいろなメニューの自己ベストタイムを定期的に管理して、自分の現在地を把握しています。

　体重や体脂肪率、除脂肪体重は、1週間に1回のペースで測定して管理しています。毎回記入して、何kg増えたか、もしくは減ったのか、維持しているのかを把握しています。

　体重から体脂肪を除いたものが、除脂肪体重。つまり筋肉や骨のほか、内臓、血液などの重さです。

　個々の課題によりますが、選手たちは食事や栄養管理とととともに、ウエイトトレーニングによって筋肉の量を増やす取り組みをしています。体重を管理するだけでは筋肉が増えたのかどうか、分かりま

せん。もしかすると、脂肪が付いただけかもしれない。そこで除脂肪体重を管理しています。

　ランニングの自己ベストタイムは、下記のメニューについて年に３、４回のペースで定期的に計測。学生コーチが中心になって管理してくれています。

【ランニングの自己ベストタイムを計測する】

- ☐ PPP（ポール間往復）
- ☐ PP（ポール間片道）
- ☐ PC（ポールからセンターまで）
- ☐ 100m
- ☐ 50m
- ☐ 30m
- ☐ 10m
- ☐ 30m×5往復
- ☐ 54321シャトル
- ☐ 321シャトル

・「100m」「50m」「30m」「10m」は光電管タイム測定器で測定。ほかはストップウォッチで計測

・「30m×5往復」は、スタート地点から30m走り、切り返して、スタート地点まで30m走る。これを休みなく5往復する（合計300m）

・「54321シャトル」は、スタート地点から50m走り、切り返して、スタート地点まで50m走る。次は40m走って、切り返して、スタート地点まで40m走る。続いて30m、20m、10mと同様に走る（合計300m）

・「321シャトル」も「54321シャトル」と同様（合計で120m）

　走るのは、運動の基本動作です。そのすべてが投球に繋がるわけではありません。ただ、日体大の約60人の投手を比較すると、やはり一軍の投手の方が平均して各メニューの自己ベストタイムが良い。このことから、私はタイムの向上と投球動作のパフォーマンスの向上には、ある程度の相関関係があると考えています。

　大事なのは、体重や体脂肪率、除脂肪体重の変化によって、これらのタイムがどう変化しているか。

　筋力トレーニングは、あくまでも投球のパフォーマンスを向上させるために行なうものです。体重が増えたり、筋力が上がったりすれば、必ず球速が上がるわけではありません。

　筋力が増えて体重が増え、タイムもすべての項目で速くなっているのが理想。除脂肪体重が増えても、タイムが下がったのなら、取り組みを見直さないといけません。

　ランニングのメニューには、10mから300mまで距離の幅があります。直線を走るだけではなく、切り返しの動きが必要な種目もあります。その中で、どの種目のタイムが速くなったのか、もしくは遅くなったのか。タイムを把握して自分の変化に気付くことで、「切り返しが遅くなったから、この練習をしたほうがいいな」といった意識が芽生えます。

自己ベストタイムを把握する意味

　ランニングの各メニューのタイム計測は、陸上競技や競泳の記録会のようなもの。自己ベストを知り、それを更新することに意味があります。

　投げることだけではなく、走ることも含めて、すべてにおいて「今の自分より成長しよう」という向上心を持つ。そうすれば成長の伸びしろが広がり、より高いレベルで野球ができるようになります。

　自己ベストは、普段の練習にも生かします。日体大では、各自が

自己ベストを元に「今日はこのメニューを自己ベストを切るつもり
で、プラス0.5秒までOKとして、３本走ろう」などと日々の練習に
取り組んでいます。それぞれが自分の目標をクリアするために、力
を出し切る。何となく走るだけでは、その練習が成長に繋がってい
るのか、分かりません。

「ＰＰＰを60秒以内」といった形で全員が一律のタイムを切ること
を目標にしがちですが、これでは緊張感のある選手と、ない選手が
出てきます。

　ランニングのメニュー１本でも、緊張感を持つ。「ここで本当に
自分の力を出し切るんだ」という思いがあるからこそ、ウォーミン
グアップから質の良い動きになります。練習から準備に対する意識
が高くなれば、試合のための準備にも繋がります。

　自己ベストタイムは他の選手と比較して「オレはアイツより速か
った」「あの先輩の方が速いから、やっぱりオレはダメなんだ」な
どと一喜一憂するものではありません。

　ただ、他の選手のタイムを知り、投球のパフォーマンスも観察す
ることで「あの先輩は切り返しの動きが速いから、投球動作のこの
部分がうまくできているんだな」などと気付き、考えられる選手に
なって欲しいと思っています。その観察力や感性は、自分の投球の
感覚を磨くことに繋がっていきます。

短所を修正するより長所を伸ばす

　選手には、それぞれ長所と短所があります。育成を考える上では、
その選手の短所を修正して消すことも選択肢の一つでしょう。ただ、
私は長所を伸ばす方を優先しています。

　その方が、選手のモチベーションが上がります。「球が速い」「コ
ントロールがいい」「筋力がある」「柔軟性がある」といった長所を
探して、「こうしたら、もっとよくなるよ」と話す方が選手との会

話も盛り上がります。

　短所を修正するのは、長所を伸ばしてからでいい。長所を伸ばして武器となったけど、それだけでは選手が目標にしている所には届かない。そのためには、ここを改善しなければいけない。それが短所だと考えています。しかも、それが指導者の一方的な指示によるのではなく、本人が「ここを直したい」と考えていることが大前提です。

　指導者が選手の短所を修正するのは「勝つため」とか「ここが気に入らない」という指導者側の理由になりがち。そうではなくて、あくまで選手の成長を考えて、長所を伸ばしたり、短所を修正したりすべきです。

　短所について考える時は、それが本当に修正すべき点なのかを見極めることも必要です。

　基本から外れているものがすべて短所だとは限りません。例えば、投球フォームは理にかなったものではないけど、それが球の出所の見にくさやタイミングの取りづらさの要因になっている場合もある。球がシュート回転するけど、それがあるから打ちづらいこともある。インステップも、それが原因で制球が安定しない投手もいれば、武器になる投手もいます。

　プロでも、球速が130㌔台後半ながら打ちにくかったのに、フォームを直して145㌔まで出るようになったら、かえって打たれるようになった……というのはよく聞く話です。

　140㌔が出ればそれでいいわけではない。スピードガンコンテストではなく、打者を抑えなければならない。ブルペンでの投球だけではなく、試合での打者からの目線など、いろいろな視点から見極めなければ本末転倒になってしまうこともあります。

　フォームを修正する場合は、少しずつ、コツコツ直していくこと。

一気に完成したフォームに直そうとすると、タイミングが変わってしまったり、感覚が失われてしまったりすることがあります。

　私は、急にゴールを目指すのではなく、「まずはここ」と言う点をアドバイスしています。ちょっとした所からで良いので、コツコツやって、少しずつできるように、時間をかけて指導しています。

変化球は打者目線で考える

　日体大では、1年生の間はとにかく直球を磨くように促しています。球の速さ、力、質を求めて、そのためにフォームをどうすればいいか、体力的には何をしなければいけないか、1年間ずっと考えさせています。

　1年時が終わると、「2年春のリーグ戦時点までに二軍に上がる」というラインが設けられている。そこに向けて、実戦登板が増えていきます。三軍の選手でも紅白戦や一軍のシート打撃で投げてもらいます。

　選手は実戦で打者を打ち取るにはどうすればいいのかを考える。私も登板時の映像を選手と一緒に見ながら、アドバイスしていきます。

　その中で、本人が「落ちる球があれば、空振りが取れる」「緩い変化球があれば、真っすぐが生きる」「130㌔後半のストレートと120㌔台前半のスライダーがあるけど、その中間の球速帯の球があれば打ち取りやすい」という必要を感じれば、新たな変化球を習得したり、今ある変化球を磨いたりしていきます。

　私は「この変化球が投げられないから、通用しない」ということはないと思っています。だから、私から選手に「この変化球を覚えろ」とは言いません。投手全員に共通して「この変化球がないとダメだ」と言うこともありません。

　指導者に言われたからではなく、投手本人が変化球の必要性を感

じる。変化球の習得には、向上心や探求心が欠かせません。

　球種はたくさんあります。カーブ、パワーカーブ、スライダー、スラーブ、カットボール、チェンジアップ、フォーク、スプリット、シュート、ツーシーム、シンカー、ナックル……。「これだけ数がある」というのをわかった上で、その中から自分に向いているものを選べばいいのです。

　自分が投げているうちに、感覚が良い球がいくつか出てきます。その感覚は、本人にしかわかりません。同じ投げ方で握り方だけが違う球なら投げられる。回転数を少なくする球は苦手でも、回転する軸の傾きを変えることは得意だ……。試行錯誤する中から、投げられる変化球を探していきます。

　指導者が「この変化球を覚えろ」と言ったところで、投手によって体つきもフォームも異なる。本人の感覚に合わない変化球もあるでしょう。その球は、きっと何年練習しても、実戦で通用するレベルでは投げられないと思います。その球にこだわりすぎても、時間を無駄にしてしまうだけです。

　私は「真っすぐと同じ感覚で投げられるかもしれないという球が出てきたら、その球を練習しなさい」と勧めています。

　大事なのは、球を大きく変化させることではありません。打者を打ち取ることです。投手目線での「曲がった！」というのは自己満足にすぎない。打者目線で打ちづらいかどうかが肝心です。

　直球と同じフォームで投げて、打者が「直球だ」と思ってバットを振ったら変化する。だから、打ち取れるのです。

　変化球を大きく曲げよう、落とそうと意識しすぎると、直球を投げる時とフォームが変わってしまうことがあります。ヒジが下がってしまったり、手首の角度が変わってしまったりする。

　それだけではありません。投げた球がどれくらい変化するかを見ようとして、体が早く開いてしまうことがあります。

　変化球を習得しようとしてフォームが崩れ、直球を投げる時のフ

ォームまで悪くなるリスクがあります。指導者も本人も、そのことを理解した上で変化球の習得に取り組まなければなりません。

新しい変化球を覚えるだけではなく、すでに投げている変化球にアレンジを加えることも考えましょう。東妻勇輔の場合は元々彼が武器にしていたスライダーを、打者の内角へも投げられるようになって投球の幅を広げました。変化の幅を変える、球速差をつける、投げるコースを増やすといった工夫によって、投球の幅はグッと広がります。

フォームの変更は本人の意志が出発点

日体大にも４年間の中でオーバースローやスリークォーターからサイドスロー、アンダースローにフォームを大きく変えた投手がいます。

フルモデルチェンジに限らず、マイナーチェンジ程度に修正する場合も含めて、私が「このフォームにしろ」と言うことはありません。あくまでも投手本人が「このフォームにしよう」が自発的に考えて、取り組んでいます。

ただ、「目標との差を埋めるために、可能性の高い方を選んだ方がいい」とは話しています。

例えば、３年生の春のリーグ戦までに二軍から一軍に上がりたい。でも、今のままやっていても、自分の目標にたどり着けないかもしれない。このチームに必要な存在になれないかもしれない……。

それなら「思い切ってフォームを変えよう」「変えないと、大きな成長はない」と考えて、チャレンジする方が可能性があります。自分が決断して挑戦した結果であれば、もしうまくいかなかったり、目標には到達しなかったりしても、スッキリするでしょう。

指導者が「この体の使い方なら、サイドスローの方が向いている」とか「オーバースローの投手が多いので、サイドスローが１枚欲し

い」などと考えて一方的に押し付けても、練習は続きません。

　フォームを変えたり修正したりするのは、難しい。「これをやれば、数カ月後にはよくなっている」という可能性の芽のようなものが自分の中にあれば、工夫しながら乗り越えていけます。

　それがないまま、指導者にやらされても「2ヵ月、3ヵ月やったところで、伸びる気なんかしない」というのが正直なところだと思うのです。

　本人の意志が固まれば、私からアドバイスします。例えば、腰の回転が横回転なのに、腕は縦に振られている場合。一般的にはサイドスローに転向するケースが多いと思いますが、必ずしもそうとは限りません。

　私は「腰の回転と腕の振り、どちらの方が直しやすい？」「どちらの方が力が入る？」と選手に訊きます。

「腰の回転が今のままの方が力が伝わる感じがする」のであれば、腕をそれに合わせなければいけない。「腕を上から振った方が力が入る」とか「横からだと指先の感覚がおかしくなる」のであれば、腰の回転を直さなければなりません。

　この感覚は、投手本人でないとわからない。感覚は人によって違うものです。「自分はこうやって投げているつもり」というのと、実際に投げている動きは違う場合もある。違うからダメなのではなく、違っていても、結果的にいい動きになっている選手もいます。本人の感覚、閃き、直感などを大事にした方が良いのではないかと思っています。

目先の勝利より将来の成長

　プロではすぐに結果を求められますが、大学では4年間の成長するための時間があります。目先のチームの勝利も大事ですが、4年後の個人の成長の方が大事です。

　試合では、チームとしては「勝った、負けた」という話になります。でも、個人としては「やろうとしている事ができたか、できなかったか」が大事です。「打たれはしたけど、ここはできた」という形で練習と試合が繋がっていれば、それでOKです。

　チームの勝敗は相手のあることですし、運・不運もあります。やろうとしていることはできなかったけど、たまたま抑えて勝つこともあるでしょう。勝利だけを追い求めても、個人の成長に繋がりません。それよりも、選手が4年間をどう過ごし、どれだけ成長できるかが大事です。

　ほとんどの学生が、大学で野球を終えます。そのなかで1日1日を大切にして、自分を成長させる。130キロ台だった球速が140キロを超える。ストライクが入るようになる。選手だけではなく、学生コーチもマネジャーもチームを良くしようと取り組んでいます。

　それぞれが目標を達成するために、課題に取り組んだ。いろいろ工夫して、できなかったことができるようになった。大学の4年間で野球を通して成長したという成功体験は、社会に出てからの仕事にも繋がっていくと考えています。

【変化球の習得方法】

　日体大では変化球を習得する際は約20〜30mの距離でのキャッチボールを重視しています。この距離なら、投手は相手に届かせようとして、細かい制球や変化量を気にせず、しっかり腕を振って投げることを意識しやすいからです。

▲約30mの距離のキャッチボールでしっかりと腕を振って変化球を投げる

　キャッチボールで曲がりの大きさではなく、球の強さを意識して、しっかり腕を振って投げることを体で覚えてから、ブルペンでの練習に移ります。

　変化球を投げる時のフォームは、直球とほとんど同じです。リリースポイントでは肩甲骨からヒジ、手首までが一直線になっています。違うのは、球の握りやリリース時の指先の感覚だけです。

　ただし、カーブは例外です。この球は指先から離れた瞬間に、リリースポイントよりも上に上がります。「上に抜く」イメージの動きです。そのため打者の目線を浮かせることができるのですが、腕や手首の使い方は直球とは異なるものになります。

その分、カーブの習得は難しい。カーブにこだわりすぎると、直球のフォームまで変わってしまうケースが多く見られます。日体大の投手には「カーブはマスターできればもうけものくらいのつもりで、遊び感覚で試していく方がいいよ」と伝えています。

▲直球を投げる時

▲変化球を投げる時。直球を投げる時も変化球を投げる時も、リリースポイントでは肩甲骨からヒジ、手首までが一直線になっている
※モデルは日体大3年時の東妻勇輔投手

【変化球のフォームチェック】

　投手がブルペンで変化球を投げている時、チェックするポイントが2つあります。

　1つは、リリース時の手首の角度。変化球を「曲げよう」「落とそう」とすると、手首の角度が変わってしまい、背屈（手首を手の甲の側へ曲げる動き）していることがあります。これではなかなか制球も定まりません。

悪い例1 手首が手の甲の側に曲がっている

もう一つは、ヒジの高さ。曲げようとしてヒジが下がっていると、腕が振られた時にヒジに負担がかかってしまいます。

悪い例2 ヒジが下がっている

　私はこの2点を中心にチェックしながら、いい投げ方をした時にだけ「今の投げ方はよかったよ」と投手に言うようにしています。
　1球ごとに「ああだ、こうだ」「ああしろ、こうしろ」とは言いません。例えば「低めに投げろ！」と言うと、投手が「低めに投げよう」と意識してしまうことで、体が前に突っ込む、ヒジが前に出てしまうなどフォームが崩れるリスクがあるからです。
　変化球が高めに浮くのは、手首が背屈しているケースが多い。そこを直さないまま低めに投げようとすると、どんどん球を置きにいくような投げ方になってしまいます。ブルペンで投げながらそれを修正するのは難しい。
　それよりも直球と同じように、しっかりと腕が振られるように投

げること。それができれば、球がストライクゾーンの真ん中に入っ
てしまっても、打者が「直球だ」と思っている分、打ち取れる確率
は高いと思います。

　球の握りや指先の感覚は投手によって異なります。そこは本人に
任せています。
　最近はプロの手の球の握り方や投げ方などが公開されています。
それはあくまで見本。その投手とは指の長さも体つきも体力も異な
る。見本が自分にも合っているとは限りません。見本の通りにする
のではなく、自分で試してみる。自分の感覚を探りながら試行錯誤
することで、習得に近づいていきます。
　投手はいろいろな球種をいっぺんに覚えようとしたがります。で
も、プロの投手でさえ、1つの変化球を覚えるのに1年以上の時間
をかける。それだけ難しいものだとわかった上で、自分の勝負球と
なる変化球をじっくりと磨いてください。

第4章

投球動作の基本

投球動作は「並進運動」と「回転運動」

　速い球を投げるには、下肢（股関節から足のつま先まで）が生み出す力を、効率よく上肢（肩甲骨から手の指先まで）に伝えなければなりません。

並進運動

回転運動

　投球動作は「並進運動」と「回転運動」の2つが複合したものです。

　並進運動とは、捕手方向へ身体を移動させる動き。軸足で立ってから、踏み込み足が地面に着地する直前までを言います（写真③から⑥）。

　回転運動とは、踏み込み足が着地してから、投げ終わるまでを言います（写真⑦から⑫）。

投球の基本動作を知る

　プロ野球で活躍している投手のフォームを見ると、みんなが同じではありません。それぞれに個性があります。投球フォームの行き着く先は、この個性だと考えています。

　投手は一人ひとり、身長や体重、筋力、肩関節や股関節の可動域などが異なります。「地肩が強い」「踏み込む力が強い」など、それぞれの特長もあるでしょう。その投手に合ったフォームがあるはずです。それが個性であり、100人100様のフォームがあると言えます。

　しかし、個性に行き着く前に、全員に共通する「基本」があると私は考えています。

　まずはこの基本を知り、できるようになる。それを「幹」としながら、自分の長所や特長などから「枝葉」の部分をアレンジしていくことで、個性にたどり着きます。

　私は、日体大に入学してきた投手に、投球の基本動作を説明しています。「バイオメカニクス（生体力学）的には、この部分の動きはこうなっているほうが、速い球が投げられる」という科学的な理論に基づいたものです。

　これは「いろいろな人のフォームを集約したら、こうなっている」という「総論」です。

　全員をこのフォームに無理やり当てはめようとすると、せっかくの長所を消してしまうかもしれない。「フォームは理にかなったものになったけど、打たれるようになった」のでは、本末転倒です。

　あくまでも「守破離」の「守」だということを忘れてはいけません。個性を活かすために、まず基本を知ることが大切です。

　では、ここからP100とP101の「投球動作の基本」について、詳しく説明していきます。

　なお、動きをたとえなどで表して感覚を共有するための「わざ言語」や「イメージ言語」は「○○*のように*」と斜体（ななめ文字）で表記します。

I. 並進運動

　並進運動では、踏み出し足が着地する直前まで骨盤、体幹、両肩を回転させないまま、捕手方向へマウンドの傾斜と平行に身体を移動します。
　言い方を変えれば、胸を打者に対して見せない。いわゆる「体を開かない」ということです。そうすることで、速い回転運動と速い腕の振りに繋げることができます。

軸足の力を使って、マウンドから「*降りていく*」

　私が日体大の投手に共通して伝えているのは「**軸足で並進運動をコントロールする**意識を持つ」ということです。
　マウンドには25.4cmの高さがあります。踏み出した足は軸足が踏んでいる投手板よりも低い所に着地しますが、捕手方向へ「*落ちていく*」のではありません。軸足の力、特に股関節の力を使いながらバランスを取り、マウンドの傾斜と平行に「*降りていく*」のです。
　踏み出す足は、できるだけ力を抜いた状態で上げます（P100の連続写真②）。

　軸足で立った時（P100の連続写真③）は、軸足に力が入っていることを意識します。
　私は日体大の投手に「（右投手の場合）**右足から股関節を通して、体幹までが軸足だ**というイメージを持ってほしい」と伝えています。

捕手方向へ踏み出す時（P101の連続写真④）は、軸足のヒザではなく、股関節を曲げます（スクワットの姿勢、**椅子に座ろうとするような姿勢**）。

「**ヒザを曲げないわけではなく、股関節を曲げた結果として、ヒザが少し曲がる**」イメージです。

　この時、軸足のヒザをつま先より前に出し過ぎないことがポイントです。

　前に出し過ぎてしまうと（言い換えれば、軸足のヒザが折れてしまうと）、軸足で発揮される力が捕手方向ではなくヒザが向いている方向（右投手の場合は三塁方向）に分散され、並進運動にうまく繋げられません。

　並進運動を軸足ではなく、踏み出す足の力でコントロールしようとすると、P101の連続写真の⑤から⑥の段階で早く骨盤を回転させ始めることに繋がります。下の写真右の「悪い例」のような、いわゆる「体の開きが早い」と言われる投げ方です。

○ 良い例 体が開いていない

× 悪い例 体の開きが早い

　悪い例のような投球動作では、踏み出した足が着地した後で骨盤が回転する角度が小さくなるため、回転運動で生み出される力学的エネルギーや力が小さくなります。

　それを補うために上肢の力に頼ることになり、「球速が上がらない」「制球が安定しない」「肩や肘への負担が大きく、怪我にも繋がりやすい」といったフォームになってしまいます。

　初めて野球をやる人や子どもの投球動作を思い浮かべてください。顔だけではなく、体全体を投げる方向に正対させ、腕だけで押し出すようにして投げると思います。

　人間が球を投げようとする時は、自然にこういう動きになるのではないかと思います。その本来の動作を、体を開かずに投げる動作にすることで、速い球が投げられます。

　踏み出す足で並進運動をコントロールしようとすると、着地した時に上体が捕手方向に突っ込みやすくなります。そうなると着地してからの回転運動によって*腕が振られた*時にボールを持っている手が加速する距離が短くなるので、球速が上がりません。また、顔が下を向いてしまったり、骨盤が大きく前傾（または後傾）したり、体幹の力が抜けてしまったりすることもあります。

肩甲骨の動きでヒジを上げる

　踏み出した足が着地に向かっている間に、投球腕のヒジを左右の肩の延長線上の高さまで上げます（P101の連続写真⑥）。

　ここで大切なのは、肩甲骨の動きで右ヒジを右肩のライン近くまで上げ、肩甲骨を挙上外旋（腕や肩を上方に挙げる動き）することで、ヒジを上げることです。

良い例 肩甲骨の動きで右ヒジを右肩のライン近くまで上げ、
肩甲骨を挙上外旋すると、ヒジは上がる

　手を下に下ろした状態（「気を付け」の姿勢）から、ヒジを左右の肩の延長線上の高さまで上げた状態を90度とすると、60度までは肩甲骨でヒジを上げて、挙上外旋しないようにします。回転運動が始まるときに、肩甲骨を挙上外旋して、さらにヒジを上げていきます。

　ボールを持っている手や腕の力でヒジを上げようとすると、ヒジは下がったまま手だけが上がります。

この状態から肩を内旋（腕を水平に挙げた時、上を向いている手の平を下に向ける動き）して腕を振ると肩やヒジに負担がかかる投げ方になるので、ケガの誘因になります。

悪い例 手や腕の力でボールを持ち上げて肩甲骨を
挙上外旋すると、ヒジは下がったままになる

Ⅱ. 回転運動

　投球では骨盤、体幹、両肩の３つが回転します。回転のタイミングは同時ではなく、骨盤が回転することで体幹が回転して、体幹が回転することで両肩が回転します。この回転のタイミングの差により体幹の捻転差が生まれます。

　腕は「振る」のではなく、回転運動の勢いによって「**振られる**」のです。常に正しい体幹の回転運動ができれば、腕はそれによって**振られる**だけなので、あとはリリースのタイミングを考えればいいのです。フォームの再現性は高まり、制球も安定します。

　腕を振ることで速い球を投げようとすると、力の入れ方によって動きが変わり、フォームも制球もばらついてしまいます。

踏み出した足の股関節を支点にして回転する

　並進運動では軸足の力、特に軸足の股関節の力で捕手方向へ身体を移動させてきました。

　踏み出す足を下ろしていく時、足首の外側は捕手方向を向いていました（P101の連続写真⑤）。着地する直前（P101の連続写真⑥）に踏み出した足の股関節を外旋（体の中心から外側に向かって回転させる動き）させ、着地した瞬間（P100の連続写真⑦）にはつま先を捕手方向に向けます。

　この時、両肩を結んだラインや体幹は開いていない。胸を打者に見せていない状態になります。そこから軸足の股関節を内旋（体の中心に向かって回転させる動き）させ、骨盤を回転させていきます。

【軸足の股関節を内旋させる】

　この時、踏み出した足が地面反力（地面を踏んだ時に逆方向から同じ力で押し返してくる力）を受けます。

　それにより、**踏み出した足の股関節を支点にして、軸足の股関節が、踏み出した足の股関節を追い越していくようにして**骨盤を回転させます。

　私は「**踏み込み足の股関節に対して、軸足の股関節をぶつけるように、もしくは挟み込むようにして、骨盤を回転させる。その後に回転してきた軸足の股関節が、踏み込んだ足の股関節を追い越す**」というイメージを投手たちに伝えています。

骨盤の回転 (真上から、右投げの場合)

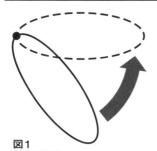

図1
〇踏み出した足の股関節を支点とした回転により、捕手方向に伝達されるエネルギーは大きくなる

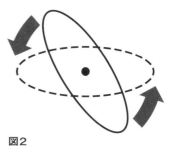

図2
×体の中心を軸にして回転するイメージを持つと、軸足の股関節が前方へ出ても、踏み出した足の股関節が後方へ動くので、捕手方向に伝達されるエネルギーは小さくなる

　　踏み出した足の股関節を支点として骨盤が回転すると、腰が落ちず、腕が最後まで振り切れます。

良い例 腰が落ちていない➡腕が最後まで振り切れる

　　踏み出した足の股関節の力が弱く、前ページの図2のような体の中心を軸にした回転になると、伝達されるエネルギーが小さくなってしまいます。下の悪い例のような腰が落ちた形になり、その結果、身体の移動も小さく、腕が最後まで振り切れなくなります。

悪い例 腰が落ちている➡腕が最後まで振り切れない

踏み出した足側の骨盤はマウンドの低い所にあり、軸足側は高い所にあります。

　その状態から骨盤が回転すると、マウンドの傾斜を利用した回転となり、位置エネルギー（高い位置にあることで得られるエネルギー）が利用でき、身体の移動も大きくなり、上肢に大きなエネルギーが伝えられます。

**　踏み出した足の股関節を軸足の股関節が斜め上から追い越し、さらにそれを上肢が追い越す**ので、腕は最後までしっかり**振られます**。

　ここで、P104の右の写真「体の開きが早い」をもう一度見てください。

　並進運動の早い段階で骨盤の回転が始まっていると、踏み出した足の股関節を支点にできず、P108の図2のような回転になります。骨盤は骨盤の踏み出し足側と軸足側が地面と平行のまま回転します。いわゆる「腰が横回転になっている」と言われる投げ方です。

　オーバースローやスリークォーターの場合は、骨盤が横回転なのに対して、振られる腕がいわゆる「縦回転」になる。力がうまく伝わらず、腕が最後まで振り切られません。

　踏み込んだ足側の骨盤よりも軸足側が低い位置になっている（右投手の場合、腰の右側が下がっている）投手も見られます。そうなるとヒジも下がってしまい、いわゆる「手投げ」になるので、ケガのリスクも高くなります。

胸を大きく張る

　サッカーのスローインを思い浮かべてください。遠くへ投げようとする時、体全体は横から見るとアルファベットの逆「C」の形になっていますよね？　投球動作もこれと同じです。

　P100の連続写真⑧は、腕が振られ始めるところ。ここで胸を大きく張ることで、胸部の筋群の伸張 - 短縮サイクル（ストレッチ・

ショートニング・サイクル。強く速く伸張された筋が、直後に強く速く短縮される機能のこと）が利用でき、結果としてより腕が速く**振られます。**

胸が大きく張れている

胸が張れていない

　この時の上半身の各部位の動きを細かく見てみましょう。

　胸椎は伸展（胸を張る動き）しています。

　投球腕側の肩甲骨は内転（肩甲骨を背骨の方向に引き寄せる動き）して、肩関節は水平伸展（水平に挙げた腕を背中側に引く動き）しています。同時に、肩甲骨は後傾（後ろに傾く動き）して、肩関節は外旋（腕を水平に挙げた時、手の平を上に向ける動き）しています。

　「投手は肩甲骨回りを柔らかくした方が良い」と耳にすることがあると思いますが、肩甲骨や肩関節の可動域が十分ではないと、これらの動きが小さくなり、胸が大きく張れなくなります。

【肩甲骨の内転】

肩甲骨が内転している（この写真では内転だけ。後傾はしていない）

【肩甲骨が内転していない】

肩甲骨が内転しているのではなく、両肩が水平に回転しているだけ

　P101の連続写真⑦から先に回転運動が進むにつれ、**腕が振られ**
ていきます。

　腕が速く振られれば振られるほど、その反作用としてヒジには地
面方向に下向きの力が大きく働きます。

　この時に肩甲骨回りの筋力が十分ではないことや疲労による筋力
低下が原因で、肩が内旋している時に（腕が**振られている**時に）ヒ
ジが下がってしまう投手も多く見られます。

　繰り返しになりますが、腕は「振る」のではなく、並進運動と回
転運動の結果、「**振られる**」もの。それゆえ、胸の張りや肩甲骨、
肩関節の動きや可動域を意識しながら投球動作を改善していくのは
難しいです。

　まずは投球に関わる各部位の動きを知り、どこを改善するべきか
を明確にする。そのうえで各部位のトレーニングによって可動域を
広げたり、筋力を高めたりすることが重要です。そうした体力面の
改善が、投球の技術面の改善に繋がります。

グラブ側の腕の使い方

　回転運動で得られるエネルギーを高めるには、踏み出した足が着
地してからのグラブ側の腕の使い方もポイントになります。

　回転運動が始まった後、グラブが腰よりも高い位置に来るように、
小指側から体に向かって引き付けます（次ページの良い例を参照）。

　ここでグラブが体から離れたり、腰よりも低い位置に来たりする
と、骨盤の回転がP108の図2のような、体の中心を軸にした回転
になり、回転力が弱まってしまいます。また、体が早く開いてしま
う原因にもなります。

　グラブ側の腕は、体幹の回転運動を促進させるために使う意識を
持つことが大切です。

【グラブ側の腕の使い方　良い例】

○ ▶

グラブを体に向かって引き付ける

【グラブ側の腕の使い方　悪い例】

×

グラブが体から離れる

×

グラブが腰よりも低い位置に来る

腕が振られ始めてからリリースまで

　近年では、プロ野球はもちろんアマチュア野球界でも『トラックマン』や『ラプソード』といった計測器機が活用され始めています。良い投手の条件として、ボールの回転数や回転軸などが重要視されているということでしょう。

　上肢はどう使えば、言い換えると、腕はどう**振られれば**、速い球やいわゆる「キレがある」「伸びがある」と言われる球が投げられるのでしょうか？

　実は、私は日体大の投手には、特に１、２年生の時期には上肢の使い方について細かい指導はしていません。

　その理由は２つ。一つは、感覚的な部分が多く、改善することが難しいと考えているから。もう一つは前述の通り、腕は並進運動と回転運動によって**振られる**ものなので、腕が振られ始める前までに下肢、骨盤、体幹などが有効に使えていれば、その結果として腕の振りは理にかなったものになると考えているからです。

　ですから、以下は知識として伝えていることだとお考え下さい。

　腕が**振られる**時、ヒジはいったん90度よりも鋭角に折りたたまれています。そこからヒジが伸びていき、リリースの瞬間（P101の連続写真⑩）では、ヒジも手首も真っすぐに伸びた状態になっていて、手の平は捕手方向を向いています。

　指先の感覚は「**切る**」「**叩く**」「**ボールをつぶす**」など人それぞれですが、この状態で最後に人差し指と中指でボールをリリースする。この時に体幹に力が入っていれば、ボールにより大きなエネルギーが伝わるので、速い球や回転数の多い球を投げることができます（ただし、球速と回転数の大きさが比例するわけではありません）。

【リリースの良い例】

横から

捕手方向から

ヒジも手首も真っすぐに伸びた状態になっている

　リリース時に頭の前あたりまでヒジが曲がったまま出てくる、いわゆる「押し投げ」の場合、回転運動のエネルギーがうまく指先まで伝わりません。テークバックの時にすでに投球腕が伸びていて、そのまま腕が振られるいわゆる「アーム式」の投球動作も同様です。

【リリースの悪い例 （押し投げ）】

横から

捕手方向から

ヒジが曲がったまま出てきている

投球動作チェック時の留意点

　ここまで、投球動作の重要な点や悪い例をお伝えしてきました。

　指導者が投手を指導するとき、「体が開いている」「上体が突っ込んでいる」「ヒジが下がっている」といったポイントを見て指摘することが多いかと思います。

　しかし、私は「実はその動作よりも、もっと前の動作や局面に、そもそもの原因がある場合が多い」と実感しています。

　例えば、踏み出した足が着地した時に既に体が開いている投手に対して、その部分だけを切り取って「体が開かないようにしなさい」と指摘しても、直りません。

　それよりも前。並進運動の早い段階ではどうなっているのか。もっと言えば、軸足で立った時にはどうなっているのか。投球動作の初めから順にチェックして、アドバイスすべきです。そうすれば「軸足で立った時に既に踏み出す足に意識が行き過ぎているから、その後に体が開いてしまっている」といったように、本当の原因にたどり着けると思います。

その投手に合わせたフォーム指導を

　ここまでお伝えしてきた投球動作の基本について、大事なことですので繰り返します。これはあくまで「バイオメカニクス（生体力学）的には、この部分の動きはこうなっているほうが、速い球が投げられる」という科学的な理論に基づいたもの。「守破離」の「守」です。

　打者からすると、「基本からは外れた投げ方だけど、フォームが独特で打ちづらい」とか「球はそれほど速くないけど、微妙に変化していて打ちづらい」ということもあるでしょう。

　投球フォームでは、全体のバランスを考える必要があります。そ

のバランスには体格、肩甲骨や股関節などの柔軟性、筋力の強さなどから、動きのクセ（得意な動きや不得意な動き）などまで関わってきます。

　フォームの中でどこを改善するべきなのか。その選手にできることは何なのか。合っているところはどこか。その選手の目標（プロ野球選手になりたい。社会人野球に進みたい。リーグ戦で登板したいなど）を踏まえて、いつまでに、どこをどうすれば良いのか。指導者として、そこまで見極めたうえでアドバイスすることが重要です。

インステップの修正方法

　私は「インステップ＝短所」とは考えていません。

　インステップの原因の一つは、捕手方向に体重移動する際に軸足のヒザがつま先よりも前に出てしまうこと。その結果、捕手方向に真っすぐ力を伝えられなくなったり、腰（骨盤）の回転が遅くなったりします。

　ただ、森博人（中日）の場合は、インステップをしていても、軸足の膝が前に出すぎているわけでもなく、腰の回転が遅いわけでもない。スリークォーターから投げ込むので、角度があってバッターも打ちづらいと感じていたので、修正する必要はないと考えていました。

　松本航（埼玉西武）の場合は、1年時には左足を振り子のように上げながら後方に大きく捻り、その勢いを使って投げていました。この捻りが大きいことも、インステップになってしまう原因の1つでした。

　彼の長所は浮き上がるような直球。インステップすると、ひっかけたり、シュートしたりする球が多かった。体の柔軟性もあり、指のかかりも良いのに、インステップでの足の動き、腰の回転がそれを邪魔していました。この投球フォームでは再現性に欠け、球速、制球力ともに調子に波もあったので、**_左足がインステップするのを、軸足でできるだけ我慢させる_**イメージを持つように」と伝えました。

　練習方法としてはキャッチボールの際に投げる方向に直線で約50〜60mの白いラインを引き、左足でラインに踏みだすのではなく、ラインに向けて真っ直ぐ踏み出すようにアドバイスしました。足元だけにラインを引いたり、「ここに踏み出せ」と言ったりすると、どうしても選手は下を向いて、そこだけを見てしまう。ボールを投

げることに意識が向かなくなって、フォームが変わってしまいます。50〜60mのラインを引くことで、体重の移動やボールの軌道もそのラインに沿っていけば、踏み出し方も自然に真っすぐになります。

　キャッチボールは近い距離から遠くまでやっていくので、いろいろな距離で改善していくことになる。ブルペンの18.44mだけで直そうとしないで、自然とフォームが直るというイメージです。

　同時に「専門的トレーニング」（第5章参照）での改善も行いました。また、ウエイトトレーニングでもヒザではなく股関節やお尻回りに負荷をかけて動かすように意識したスクワットを定期的に行ったことで、股関節回りの筋力も付きました。

　フォームを修正する時に気を付けないといけないのは、急に完成形に直そうとしないこと。インステップの場合は踏み出す場所が変わると、マウンドの傾斜によって足が着地するタイミングが変わります。

　松本の場合は、ブルペンで投げる時は最初は5センチ程度だけ修正するところから始めて、2年ぐらいかけて少しずつ直していきました。4年時のフォームではしっかりと軸足の力で立ち、インステップが改善されロスなくスムーズに体重移動できるようになった。球速や制球力が大きく向上し、大学野球を代表する投手へと成長してくれました。

軸足主導の並進運動に
するための練習

【対象】 並進運動で「体が早く開く」「上体が突っ込む」
　　　　　などの課題がある投手
【必要な道具】 40㎝程度の高さの台

【手順】
①台の上に軸足で立つ　②軸足のヒザがつま先よりも前に出ないようにして、軸足の力で降りていく　③踏み出し足のつま先を捕手方向に向けながら、着地する

【注意】
　この練習では台の高さは実際のマウンドよりも高い。その分、並進運動の時間が長くなり、回転をぎりぎりまで抑えられる。

　並進運動は軸足の力でコントロールする意識を持って行う。マウンドには25.4㎝の高さがある。踏み出した足は軸足が踏んでいる投手板よりも低い所に着地するが、捕手方向へ**「落ちていく」**のではない。軸足の力、特に股関節の力を使いながらマウンドの傾斜に沿って**「降りていく」**ことを覚える。マウンドの傾斜に沿って**降りていく**イメージを持つことで、座った捕手の高さに対してエネルギーを送ることができる。捕手が立っている高さにだけ強いボールが投げられる投手にもおすすめの練習方法である。

　軸足のヒザがつま先よりも前に出ていると、捕手方向に真っすぐ力を伝えられず、腰が落ちた状態になる。踏み出す足の力で並進運動をコントロールしようとすると、体が早く開いてしまったり、上体が突っ込んでしまったりする。

　踏み出した足のつま先は捕手方向を向いているが、まだ骨盤は回転していない。つまり、両肩を結んだラインはまだ捕手方向を向いたまま。言い換えれば、「体は開いていない」「胸を打者方向に見せていない」状態。そのあとの投球動作としては、踏み出した足が着地した時に受ける地面反力により、**踏み出した足の股関節を支点にして、軸足の股関節が追い越していくように**骨盤を回転させていく。

肩甲骨の動きで
ヒジを上げるための練習

【対象】 ボールを持つ手でヒジを上げようとするため、
　　　　　ヒジが上がらない投手
【必要な道具】 40㎝程度の高さの台、テニスボール

【手順】
①投げる手にテニスボールを握り、台の上に立つ。投げる手の力を抜き、投球時にグラブから出したくらいの位置にする
②パートナーに、ボールを持っている手を軽く後方に（テークバックの方に）はたくように押してもらう
③手を押してもらった勢いを利用して、肩甲骨の動きによってヒジを上げていく
④ヒジが肩の高さまで上がったら、腰を回転させテニスボールを投げる

【注意】
　ボールを持つ手の力でヒジを上げるのではなく、手を押してもらった勢いを利用して肩甲骨を動かしていく。ヒジが高い位置に到達したときに掌上回旋（腕を水平に挙げる動き）することで、**腕の力をできるだけ抜いてヒジが自然に上がってくる**イメージを持つ。ボールを持つ手の力を抜くために、あえて硬式球よりも軽いテニスボールで行っている。動きが理解してきたら硬式球で投げても良い。

第5章
専門的トレーニング

ボールを投げない練習で基本動作を習得する

「バイオメカニクス（生体力学）的には、この部分の動きはこうなっているほうが、速い球が投げられる」と知っていることと、その動きができることの間にはいくつもの段階があります。

　日体大の投手は、上級生になった時に個性にたどり着くために、下級生で基本を知り、その動作を習得していきます。

　投手には、これまで投げてきた投球動作がクセづいています。動きを改善することは容易ではなく、新しい動きが無意識にできるようになるには反復練習をしなければなりません。

　投球フォームを修正したり、固めたりするときには、キャッチボールやブルペンで投げる練習をするのが一般的でしょう。

　しかし、実際にボールを投げる練習には、できる数に限りがあります。また、体の各部位をどう動かすかを考えながら投げていくのは難しく、どうしても球の速さや制球など、目の前にある結果にとらわれてしまいがちです。

　そこで、日体大では投球動作の基本を身に付けるための「専門的トレーニング」を実施しています。

　トレーニングの動作自体が投球動作の並進運動や回転運動に繋がっているので、やっていくうちに自然に基本動作ができるようになります。いわば「ボールを投げない投球動作習得法」です。

　それぞれのメニューには明確な目的があり、手順や姿勢、動き方などの方法が細かく設定されています。1年生の時期は全員が各メニューの目的を十分に理解したうえで、方法を厳密に守って実施して、正しい動きを積み重ねていきます。

「ここを意識しよう」と集中して、その部位がどう動いているのかを把握しながら実施する。基本動作とのズレがわずかでもあれば、調整していきます。この段階では、私もつきっきりで正しい動きを

指導しています。

　正しい動きができているのかどうか、最初は自分ではなかなかわかりません。「こう動いている」という自分のイメージと、実際の動きには差異があることが多いからです。

　自分がトレーニングしている姿を動画で撮影したり、私や学生コーチ、先輩から指摘されたりすることで、まずは自分がどう動いているのかを把握する。できている点とできていない点を明確にして、できていない点は改善していきます。

　学年が上がるにつれ、自分の考えるフォームに合わせてセット数に強弱をつけたり、「これはやるけど、これはやらない」と選択したりしてアレンジしていくことで、個性を築き上げていきます。

専門的トレーニングで取捨選択の幅を広げる

　専門的トレーニングを積み重ねていくと、知識が増え、自分で考える頭が育ち、自分で何かに気づいて改善できる感性が磨かれます。

　学年が上がるにつれ、自分で「この部分の動きはいいぞ」「この部分の動きは悪いな」と把握できるようになっていく。すると、「この動きをするには、股関節の柔軟性が足りていないな」などと自分で気付けるようになる。そして、「じゃあ股関節の柔軟性を高めるメニューを自主練習でやろう」などと、意欲的に取り組めるようになります。

　自分の体を思い通りに動かせるようになれば、自ずと投球動作が改善できるようになります。

「基本の動作はこうだ」「自分の身体はこう動いている」「自分でここをこうしようとしている」とわかったうえで投球練習をすれば、投球動作もしっかりと身に付いていきます。

　それが原点となる。フォームがいつもと違ったり、崩れたり、迷ったりした時には、原点に戻ることができます。例えば試合前のキャッチボールの段階で「今日は○○の動きがいつもと少し違うな」

などと気付き、ブルペンで「じゃあ、こうしよう」と修正できるようにもなるでしょう。フォームの再現性が高まり、投球の安定感も増します。

　基本を知らないまま、知っていてもできないまま、あるいは自分の動きがどうなっているかわかっていないままで何百球、何千球と投げ込んでも、「昨日はよかったのに、今日はまったくダメだった」の繰り返しになりかねない。それでは投げる体力は付くかもしれませんが、技術は身に付きません。自分が思い描いているフォームから崩れた時にも、戻る場所がわからないから修正できず、調子の波が大きくなってしまいます。

　投球動作に関する知識が増えれば、プロの投手や先輩の投球フォームを見て、いい投手の共通点に気付く時が来ます。その時に自分で「こうしてみよう」と思ったとしても、自分の体を思うように動かすことができなければ、身に付きません。

　自分の体を思い通りに動かせるようにしておけば、いろいろなことが試せます。つまり、取捨選択できるということ。やってみて、自分に合わないからやめるのと、できないから諦めるのでは大きな差があります。後者にはなって欲しくない。自分で取捨選択の幅を広げ、自分の個性を作り上げていってほしいと願っています。

ライバルは、昨日の自分

　専門的トレーニングを含めた投球動作の指導方法は、私がノートに書いているもので約150種類あります。今も年々増えています。多人数にアドバイスしたものから、一人にしかアドバイスしていないものもあります。

　その中から、多くの投手に共通点があるのではないかと考えたものに絞って、128ページから紹介していきます。

　専門的トレーニングは、人と競争するためにやるのではありません。あくまで自分が投げるボールをより良くするために行うものです。「アイツより自分の方がうまくできる」とか「みんなのようにうまくできないから、ダメだ」と考える必要はありません。

　見た目は簡単そうに見えても、やってみると意外に難しく、ハードなメニューが多いと感じるかもしれません。

　最初からうまくできなくても、大丈夫。落ち込む必要はありません。競争相手は他の人ではなく、自分自身。昨日の自分よりも今日の自分が、今日の自分よりも明日の自分が、思うように動けるようになっていればいい。例えば股関節の可動域が狭い選手は、このトレーニングを重ねることで今の自分よりもよく動かせるようになればいいのです。

専門的トレーニングを始める前に
〜スクワットの基本姿勢〜

「専門的トレーニング」は、正しい姿勢で行うことが大切です。

　その中でもスクワットの姿勢は特に重要なポイントになります。しゃがむ時にヒザがつま先よりも前に出ないように注意し、股関節周りや臀部を意識することが大切です。**ヒザを曲げないわけではなく、股関節を曲げることでヒザが曲がる（椅子に座るような姿勢**、スクワットの姿勢）イメージです。

　ヒザのトレーニングではなく、股関節や臀部のトレーニングだと捉えてください。ヒザがつま先よりも前に出てしまうと、ヒザに負担がかかります。前かがみになると、腰に負担がかかります。それぞれに大きな負荷がかかると故障の原因にもなります。

×悪い例

ヒザがつま先よりも前に出ている　　　　　前かがみになっている

専門的トレーニングのメニュー
メニュー1 チューブ歩行

【回数】　20 m×3往復
【必要な道具】　チューブ、ボール
【目的】　軸足の重要性を知り、骨盤を回転させずに体の開きを遅らせ、並進運動が長く行えるようにする。

【手順】
①ヒザ下にチューブを巻き付ける。両足を肩幅に広げ、ボールを投げる手に保持する（ボールがない場合は持たなくても良い）　②踏み出す足を上げて、捕手方向に踏み出す　③着地する　④20mで折り返し、反対方向へ踏み出す

【注意】
②では**軸足で並進運動をコントロールする**意識を持つ。軸足と体幹に力を入れ、体の中心軸（頭からお尻を結ぶライン）を両足の真ん中にキープする。捕手方向に移動した分、体の中心軸も移動する。踏み出す足の力で移動していくと、骨盤が回転して体が開いたり、上体が突っ込んだりする。ボールを持つことで腕の力みを知ることができる。握力をできるだけ使わず、**ボールの重みを感じる**ように意識する。
この通りにできるようになったら、実際のフォームにより近づけていく。

×悪い例

体が開いてしまう

上体が突っ込んでしまう

■メニュー2 投球動作

【回数】	10回×3セット
【必要な道具】	ボール
【目的】	軸足による並進運動の意識を向上させ、回転運動に繋がる並進運動を身につける。一つひとつの動作を確認しながら行うことで、自分で何かを発見し、改善できる感性を磨く。

【手順】
① 立った状態で、パートナーからボールを受け取る
② キャッチした後、スクワットの姿勢を作る
③ 軸足を捕手方向へステップする
④ 軸足で立ち、軸足と体幹の力で踏み出す足を上げる
⑤ ゆっくり時間をかけて捕手方向へ体重移動する
⑥ 捕手方向を見て着地する

【注意】

　ボールを持つことで腕の力みを知ることができる。握力をできるだけ使わず、**ボールの重みを感じる**ように意識する。

③では両肩、体幹、つま先、かかとが左右にぶれないようにする。軸足が着地した衝撃を感じることで、軸足に力が入ることを意識できる。踏み出す足を上げる高さは、自分の投球フォームと同じでOK。

⑤では**軸足で並進運動をコントロールする**意識を持ち、常に軸足の力を感じながら捕手方向へエネルギーを送る。マウンドから「**落ちる**」のではなく、「**降りる**」イメージ。軸足のヒザがつま先よりもできるだけ前に出ないようにする。踏み出す足に力が入ると、並進運動の早い段階で骨盤が回転しやすくなり（体が開きやすくなる）、上体が捕手方向に突っ込みやすくなる。平地でのトレーニングで突っ込むようでは、実際のマウンドではそれ以上に突っ込むことになる。

　このトレーニングは平地で行なっているので⑥で踏み出した足が着地するが、実際のマウンドからの投球では着地する寸前の形（P101の連続写真⑥）であることを意識する。つまり、踏み出す足のつま先は捕手方向へ向きかけているが、骨盤はまだ回転させておらず、両肩を結ぶラインも捕手方向を向いたまま（胸を捕手方向に見せない）。

　これができていると、自然に下肢と上肢が捻られ、より回転力が得られる状態になる。ボールを持つ手の位置もまだ上がって行く途中であり、マウンドからの投球で着地した時に比べると低い。

　この意識は、平地でシャドウピッチングをする時にも持たなければならない。

メニュー3 バランスボール並進運動

【回数】 左右10回ずつ×3セット
【必要な道具】 バランスボール
【目的】 *軸足を使って並進運動をコントロールする*ことで、並進運動中の骨盤の回転（体の開き）を抑える。股関節の柔軟性を高め、可動域を広げることで、下肢からの力を上肢へ伝えられるようにする。

【手順】
①バランスボールに踏み出す足を乗せる　②バランスボールを捕手方向に進ませる　③ヒザ、お尻、体幹、背中の姿勢が崩れないところまでバランスボールを動かす　④初めの形まで戻す

【注意】
①では軸足の股関節に力が入っているのを感じる。この時、つま先が開かないように立つ。

②では軸足のヒザがつま先よりもできるだけ前に出ないようにする。バランスボールに乗せている足には力を入れない。軸足の股関節に力を入れて、バランスボールを捕手方向へ真っすぐ転がす。背中が丸まらないように、上体が前かがみにならないようにする。

正しい姿勢を保つのが難しい場合は、フェンスにつかまるなど補助付きで行う。

×悪い例

軸足のつま先が開いている

前かがみになっている

メニュー4 十字ジャンプ

【回数】 3セット
【必要な道具】 マーカーコーン
【目的】 体幹を意識し、さまざまな方向にジャンプしても姿勢を崩さない
ボディバランスを身に付ける。**下肢と体幹が繋がっているイメー
ジを持つことができる。**

【準備】
マーカーコーンを十字に置く

【手順】
①真ん中に立つ　②両足を揃えたまま、真ん中から右へジャンプする。着地したら真ん中へジャンプして戻る
④前→真ん中→左→真ん中→後ろ→真ん中と同様に繰り返す　⑤右→真ん中→後ろ…と反対回りも同
様に繰り返す

【注意】
　両足を揃えたままの姿勢を崩さずに、体幹に力を入れてジャンプする。マーカーコーンの真上を通過すること。
　顔が下を向くと前かがみになるので、顔は上げたままにして姿勢を保つ。着地した時に姿勢が前後左右にブ
レないよう体幹を意識し、頭から足先までできるだけ真っ直ぐになるように姿勢を保つ。着地した時の反動を次
のジャンプに生かしてリズミカルに動く。
　正しい姿勢で正しい動きができるようになったら、より速くできるようにしていく。

メニュー5 サイドステップⅠ（T字）

【回数】 3回×2方向
【必要な道具】 マーカーコーン
【目的】 スクワットの姿勢を保ちながらサイドステップすることで、並進運動に必要な股関節や臀部の筋力を鍛えることができる。また、体幹の重要性を知ることができる。

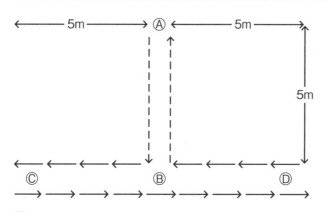

図1
→はダッシュ
→→はサイドステップ

Ⓑでスクワットの姿勢を作る　　　　　Ⓒへサイドステップする

✕悪い例

進行方向に体が開き、重心が傾いている　　前かがみになっている

【準備】
マーカーコーンを図の⒜、⒝、ⓒ、ⓓのように「T」の字に5m間隔で置く

【手順】
①A（スタート）からBまでダッシュする　②Bでスクワットの姿勢を作ってから、Cへサイドステップする　③Cまで来たら、スクワットの姿勢を作り、Dへサイドステップする　④Dでスクワットの姿勢を作り、Bまでサイドステップする　⑤Bでスクワットの姿勢を作り、Aまで後ろ向きにダッシュする　※A→B→D→C→B→Aの順に同様に行う

【注意】
②ではBで止まる時、両足の股関節でエネルギーを受け止めるのを意識する。

C、Dでサイドステップから止まる時も、**進行方向側の股関節で横に動いてきたエネルギーを受け止める**イメージを持つ。

スクワットの姿勢をできるだけキープしたまま、真横へサイドステップする。右方向へサイドステップする時は左の股関節の力、左方向の時は右の股関節の力を意識する。

進行方向側の足の力で進もうとすると、体が開いたり、重心が傾いたりする。投球動作でも踏み出す足の力を使うと、同じような形になってしまう。

体幹に力を入れておくことで、バランスを保ちながらステップすることができる。

ⓒでスクワットの姿勢を作る

メニュー6 サイドステップⅡ（ト字）

【回数】　3往復
【必要な道具】　マーカーコーン
【目的】　サイドステップからジャンプして着地した衝撃を股関節で受け止め、股関節の力によって伝えたい方向にエネルギーを転換させていく。投球に必要な股関節の動きを知ることができる。

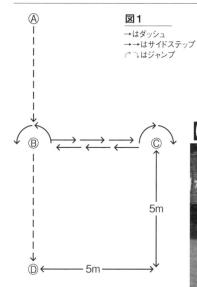

図1
→はダッシュ
→→はサイドステップ
⌒はジャンプ

【Cでの動き】

【Bでの動き】

【準備】

マーカーコーンを図Ⓐ Ⓑ Ⓒ Ⓓ のように「├」の字に5m間隔で置く

【手順】

①A（スタート）からBまでダッシュする　②Bでスクワットの姿勢を作ってから、Cへサイドステップする　③Cまで来たら、ジャンプ（写真Cでの動き）して、踏み出した足だけで着地する　④スクワットの姿勢を作り、Bまでサイドステップする　⑤Bまで来たら、ジャンプして踏み出した足だけで着地する　⑥着地した足を軸足にして、反対側の足をDへ向かって大きく一歩目を踏み出し、ダッシュする（写真Bでの動き）　⑦D→B→C→B→Aの順に戻る

【注意】

　サイドステップでは、スクワットの姿勢をできるだけキープしたまま、真横へステップする。右方向へサイドステップする時は左の股関節の力、左方向の時は右の股関節の力を意識する。進行方向側の足の力で進もうとすると、体が開いたり、重心が傾いたりする。

　C,Bでジャンプする時は軸足（踏み切る足）の股関節に力を入れる。着地する時は踏み出した足の股関節の力で、横に動いてきたエネルギーを受け止める。着地時に体が進行方向へ流れてしまわないように、しっかりと止まること。

　Bで着地した後に反対側の足をDへ向かって大きく一歩目を踏み出す時、**着地した足の股関節を支点にして骨盤が回転する**ことを意識する（投球時に踏み出した足の股関節を軸足の股関節が追い越していくイメージと同じ）。**横に動いてきたエネルギーを受け止め、前へ送る**イメージを持つ。体幹に力を入れておくことで、バランスを保ちながらステップすることができる。

メニュー7 軸足バランス

【回数】15球×両足　3セット
【必要な道具】バランスパッド（バランスディスク）、ボール
【目的】軸足の股関節で体をコントロールすることを覚える。下肢から
体幹、上体にかけて真っ直ぐ立つことができる。

【手順】
①バランスパッドの上に軸足で立つ。真っすぐに立つ正しい姿勢がで
きたら、パートナーにボールを投げてもらう　②ボールを投げる手でキャ
ッチする。キャッチすることでバランスが崩れたら、体幹を意識して立て
直す　③①の姿勢を保ったまま、上げた足をくぐらせてボールを投げ返
す　④反対側の足でも同様に行う

【注意】
軸足の股関節から体幹までが軸足だというイメージを持つ。
ボールをキャッチしたり、投げ返したりする動きで崩れるバランスを立て
直すことで、軸足と体幹への力の入れ方、使い方がつかめる。上げた足
（踏み出す足）に力が入っていると、バランスが崩れることに気付く。

✕悪い例

姿勢が傾いている

メニュー8 踏み出し足バランス

【回数】 15球×両足　3セット
【必要な道具】 バランスパッド（バランスディスク）、ボール
【目的】 踏み出した足の股関節を支点にして骨盤を回転させることを覚える。「*腕を振る*」のではなく、「*腕が振られる*」ことを覚える。

✕ **悪い例**

腕を振っている

【手順】
①バランスパッドの上に踏み出し足で立ち、パートナーにボールを投げてもらう　②ボールを投げる手でキャッチする。キャッチすることでバランスが崩れたら立て直す　③*踏み出した足の股関節を支点にして骨盤を挟み込むように回転させる*ことで、*腕が振られていく*　④腕が振られ切ったら、パートナーにボールを返す

【注意】
腕を振るのではない。*踏み出した足の股関節を支点に骨盤を回転させる*ことで、*腕が振られていく*。軸足の股関節が、踏み出した足の股関節を*挟み込むように、ぶつけるように*動かしていくイメージを持つ。踏み出した足でバランスを取ることで、実際の投球で踏み出し足が受ける地面反力を感じる。

メニュー9 バウンディングⅠ（高く跳ぶ）

【回数】 30m×4本
【目的】 速いボールを投げるために必要な股関節や臀部周りを強化する。全身の連動性やバランス、瞬発力を向上させる。

【手順】
①大股で走るようにして、着地した足の力で高く弾みながら30m前に進む

【注意】
　接地時間をできるだけ短くして、**バネのようなイメージ**でリズミカルに跳んでいく。着地した時に地面反力を感じ、そのエネルギーをより高く跳ぶ方向に伝える意識で行う。地面を蹴った後、その足は力を抜く。

メニュー10 バウンディングⅡ（前へ跳ぶ）

【回数】 30 m×4本
【目的】 速いボールを投げるために必要な股関節や臀部周りを強化する。全身の連動性やバランス、瞬発力を向上させる。

【手順】
①大股で走るようにして、着地した足の力で前に弾みながら30m前に進む

【注意】
　接地時間をできるだけ短くして、**バネのようなイメージ**でリズミカルに跳んでいく。着地した時に地面反力を感じ、そのエネルギーをより前に跳ぶ方向に伝える意識で行う。地面を蹴った後、その足は力を抜く。

メニュー11 立ち幅跳び

【回数】 30 m×4本
【目的】 速いボールを投げるために必要な股関節や臀部周りを強化する。全身の連動性やバランス、瞬発力を向上させる。

【手順】
①両足を肩幅くらいの幅に広げる
②腕を前後に振ってタイミングを取り、前方へ両足で跳ぶ
③繰り返して30m進む

【注意】
立ち幅跳びの記録測定をするつもりで1回1回を全力で跳び、それを繰り返す。

メニュー12 両足ジャンプ片足着地

【回数】 左右5回ずつ×2セット
【目的】 速いボールを投げるために必要な股関節や臀部周りを強化する。全身の連動性やバランス、瞬発力を向上させる。

【手順】
①立ち幅跳びのように跳ぶ
②空中で片足を踏み出す
③片足で着地する
④着地した足でバランスを取る
⑤踏み出す足を変えて繰り返す

【注意】
③で着地した時、踏み出した足で受ける地面反力を、股関節の力を意識して受け止める

メニュー13 片足ジャンプ両足着地Ⅰ（正面向き）

【回数】 左右5回ずつ×2セット
【目的】 投球動作に近い動きの中で股関節や臀部周り、体幹などを強化する。全身の連動性やバランス、瞬発力を向上させる。

【手順】
①右足で立つ
②左足を後方へ振る
③左足を前方へ振りながら、右足で踏み切って前へジャンプする
④空中で両足を揃えて着地。スクワットの姿勢を作る
⑤左足で立ち、同様に繰り返す

【注意】
②から③では地面に着いている足の股関節に力を入れることを意識する。

メニュー14 片足ジャンプ両足着地Ⅰ（横向き）

【回数】 左右5回ずつ×2セット
【目的】 投球動作に近い動きの中で股関節や臀部周り、体幹などを強化する。全身の連動性やバランス、瞬発力を向上させる。

【手順】
①軸足で立つ
②上体を前に傾け、踏み出す足を後ろに振り上げて体重を軸足の股関節に乗せる
③捕手方向に踏み出しながら、軸足の力で捕手方向へジャンプする
④空中で両足を揃えて、着地。スクワットの姿勢を作る
⑤軸足を反対の足に変え、同様に繰り返す

【注意】
　②から③では地面に着いている足の股関節に力を入れることを意識する。
捕手方向へ強いエネルギーを伝えるイメージを持つ。

メニュー15 軸足ステップⅠ（軸足で着地）

【回数】 左右20mずつ（1往復）
【目的】 並進運動における軸足の使い方を覚え、骨盤の回転（体の開き）を抑えられるようにする。捕手方向へロスなくエネルギーを伝えられるようにする

【手順】
①軸足で立つ ②軸足の力を使って、捕手方向にステップする ③軸足で着地する ④①の姿勢に戻し、②以降を繰り返して20m進む ⑤軸足を反対側の足に変え、同様に繰り返して20m戻る

【注意】
　①で踏み出す足を上げる時、軸足の力を使うことを意識する。

　②で軸足の股関節を曲げて重心を下げた時、ヒザがつま先よりも前にできるだけ出ないようにする。また、つま先、足首、ヒザ、股関節を結ぶラインが左右にブレないようにする。この時にヒザがつま先よりも前に出ていたり、外側に開いていたりすると、進みたい方向（捕手方向）にうまく力が伝わらない。踏み出す足の力を抜き、ステップの手助けをしないようにする。ここで踏み出す足に力が入っていると、並進運動の早い段階で骨盤が回転して、体が開いてしまう。

　正しい動作でできるようになったら、メディシンボールを保持して行うとよい。

メニュー16 軸足ステップⅡ（踏み出す足で着地）

【回数】　左右10回ずつ×2セット
【目的】　並進運動における軸足の使い方を覚え、骨盤の回転（体の開き）
　　　　　を抑えられるようにする。捕手方向へロスなくエネルギーを伝え
　　　　　られるようにする

【手順】
①軸足で立つ　②捕手方向へ並進運動を始める　③軸足の力を使って、捕手方向にステップする　④踏み出した足で着地する　⑤着地した反動で軸足方向へ戻る　⑥①の姿勢に戻し、②以降を10回繰り返す。
軸足を反対側の足に変え、同様に繰り返す

【注意】
軸足の力を使うことを意識する。
②③では「軸足ステップ」と同様。軸足の股関節を曲げて重心を下げた時、ヒザがつま先よりも前に出ないようにする。また、つま先、足首、ヒザ、股関節を結ぶラインが左右にブレないようにする。この時にヒザがつま先よりも前に出ていたり、外側に開いていたりすると、進みたい方向（捕手方向）にうまく力が伝わらない。踏み出す足の力を抜き、ステップの手助けをしないようにする。ここで踏み出す足に力が入っていると、並進運動の早い段階で骨盤が回転して、体が開いてしまう。
④着地した時に踏み出した足に力を入れ、地面反力を受け止める。

キャッチングステップⅠ（斜め前）

【回数】 20m×6本（3往復）
【必要な道具】 マーカーコーン
【目的】 投球動作における体の使い方を順番に理解し、一連の動きで
体に覚え込ませる

【準備】
マーカーコーンを左右前後1m間隔で2列に並べる（20m分）

【手順】
①投げ終わりの体勢を作る
②踏み出している方の足を軸足にして踏み切り、1m先の左斜め前へ向かってジャンプする
③空中の一番高い位置で両側の肩甲骨を寄せ、胸を張る
④着地する
⑤着地したら、**踏み出した足の股関節を支点にして骨盤を回転させる**ことで、腕が振られ始める
⑥投げ終わりの体勢を作る
⑦今度は右斜め前へ向かって、同様に繰り返して20m進む

【注意】

　②では軸足の力を使う意識でジャンプする。③では空中で広げた両足の真ん中に体の中心軸が収まるようにする。

　⑤では腕を振るのではない。腕や肩の力は使わない。ステップと着地で生まれる加速力も使いながら骨盤を回転させる。**軸足側の股関節が踏み出した足の股関節を追い越していくイメージを持つ。**

慣れるまでは、左右の足を交互に軸足（踏み切る足）にするのではなく、どちらか一方だけで行ってもよい。①から⑥までが終わったら、そのまま1m右へ移動する。同じ足を軸足にして繰り返す。ただし、20m進んだら、次は反対側の足を軸足にして行う。左右バランスよくトレーニングすることが大事。

メニュー18 キャッチングステップⅡ（真横）

【回数】 10往復×3セット
【必要な道具】 マーカーコーン
【目的】 投球の際に踏み込んだ足にかかる大きな力を股関節でしっかり
　　　　　受け止め、より速いボールを投げられるようにする。

【準備】
両足を大きく広げたくらいの幅にマーカーコーンを置く

【手順】
①投げ終わりの体勢を作る　②踏み出している方の足を軸足にして踏み切り、左側のマーカーコーンを越えるように真横にジャンプする　③着地する　④着地したら、踏み出した足の股関節に全体重をのせる　⑤今度は右側のマーカーコーンに向かって、②から同様に繰り返す

【注意】
　②では軸足の股関節を意識してジャンプする。③では着地した足の股関節の位置がなるべく低くなるようにする。投球動作ステップⅠよりも体力強化の意識で取り組む。

メニュー19 メディシンボールスローI（上方）

【回数】 10回×3セット
【必要な道具】 メディシンボール（重さ3kg）
【目的】 ボールを投げる際に下肢から上肢、末端へと力の正しい伝え
方を覚える。

【手順】

①スクワットの姿勢でメディシンボールを保持する　②ボールを少し後方へスイングする　③伸び上がってジャンプしながらボールを真上に投げる

【注意】

①では正しいスクワットの姿勢を取り、臀部を地面に近づけることでボールを手に取る。

②では上肢の力を抜く。

③では上肢の力で投げるのではなく、股関節を伸展させることで生まれるエネルギーを利用して投げる。力を伝えたい方向（この場合は真上）を意識して行う。

メニュー20 メディシンボールスローⅡ（捕手方向）

【回数】 10回×3セット
【必要な道具】 メディシンボール（重さ3kg）
【目的】 ボールを投げる際に下肢から上肢、末端へと力の正しい伝え方を覚える。上肢の力ではなく下肢の力を使い、「*腕を振る*」のではなく、股関節の力と骨盤の回転によって「*腕が振られる*」ことを覚える

【手順】
①メディシンボールを体の中心軸で持つ
②いったん捕手方向へスイングする
③②の勢いを利用して、後方へスイングする
④軸足の股関節を内旋することで骨盤を回転させる
⑤捕手方向へスイングする
⑥ボールを放す

✕悪い例

骨盤が回転しておらず、上肢の力だけで投げている

【注意】
下から投げることで、下肢から体幹、上肢への連動性が感じられる。
④で軸足側の股関節を支点にして骨盤を回転させ、⑥にかけて軸足の股関節が踏み出した足の股関節を追い越していくイメージで骨盤を回転させる。上肢の力で投げるのではない。

メニュー21 メディシンボール回転＆捻転

【回数】 左右 10 回ずつ
【必要な道具】 メディシンボール（重さ 3 kg）、高さ 40 ㎝から 50 ㎝の台
【目的】 並進運動から回転運動への連動を一連の動きで体に覚え込ませる。骨盤の回転と体幹の捻転を意識する。

【横から】

【捕手方向から】

✕ 悪い例

軸足のヒザがつま先よりも前
に出て、腰が落ちている

骨盤が回転しておらず、上肢の
力だけで投げている

【手順】

①高さのある所に軸足を置き、地面に踏み込みを置く　②軸足の股関節を内旋
して回転運動が始める。同時に後方からメディシンボールをリリースする際の最も
高い点に投げてもらう　③メディシンボールをキャッチして腕を振る

【注意】

　①では軸足側のヒザがつま先よりも前に出ないようにする。骨盤は回転してお
らず、両肩を結んだラインを真っすぐ捕手方向に向ける。軸足側の股関節から背
中、頭にかけて地面に対して真っすぐに姿勢を保つ

　②では、軸足の股関節の内旋によって骨盤の回転が始まり、そこから体幹が捻
られて回転するという順番を意識する。**軸足側の股関節を支点にして骨盤を回
転させる**イメージを持つ

　③では上肢の力を使わないことを意識する。高い位置でキャッチしたボールの
重さを利用することで、*腕が振られる*感覚を覚える。ボールが自分の体から遠くに
円を描くようにする

　姿勢を保つのが難しい場合は、メディシンボールを持たずに行う

メニュー22 股関節Ⅰ（屈曲）

【回数】 左右 20 回ずつ
【必要な道具】 棒（トンボの柄の部分など）
【目的】 股関節周りの柔軟性や筋力を向上させる。股関節を片方ずつ
動かせるようになることで、投球時の強い回転運動に繋がる。

【準備】
棒がヒザの高さに来るようにする（パートナーが伸ばした手でもよい）

【手順】
①軸足で足踏みする　②踏み出す足の股関節を屈曲（ヒザを真上に上げる動き）して足を高く上げ、棒をまたいで踏み出す　③踏み出した足が着地したら、軸足で足踏みする　④踏み出した足の股関節を屈曲して足を高く上に上げ、後ろに戻る　⑤①から繰り返す　⑥軸足を反対の足に変えて、同様に繰り返す

【注意】
　上体の姿勢は前後左右にブレないように保つ。
　下を向かない。
　軸足で足踏みした時に地面反力を感じる。踏み出す足の力は抜き、ヒザを上げる意識ではなく、股関節を動かす意識で上げる。**足踏みした足の股関節は止め、上げる足の股関節を動かすイメージで行う。**

股関節Ⅱ—1（外転）

【回数】　左右 20 回ずつ
【必要な道具】　棒（トンボの柄の部分など）
【目的】　股関節周りの柔軟性や筋力を向上させる。股関節を片方ずつ
　　　　動かせるようになることで、投球時の強い回転運動に繋がる。

【準備】
棒がヒザの高さに来るようにする（パートナーが伸ばした手でもよい）

【手順】
①軸足で足踏みする　②踏み出す足の股関節を外転（股を開く動き）させ、ヒザが大きく外回りするように棒をまたいで踏み出す　③踏み出した足が着地したら、軸足で足踏みする　④踏み出した足の股関節を外転させ、ヒザが大きく遠回りするように戻る　⑤①から繰り返す　⑥軸足を反対の足に変えて、同様に繰り返す

【注意】
　　上体の姿勢は前後左右にブレないように保つ。
　　下を向かない。
　　軸足で足踏みした時に地面反力を感じる。踏み出す足の力は抜き、ヒザを上げる意識ではなく、股関節を動かす意識で上げる。**足踏みした足の股関節は止め、上げる足の股関節を動かすイメージで行う。**

股関節Ⅱ—2（外転・応用）

【回数】 左右 20 回ずつ
【目的】 股関節周りの柔軟性や筋力を向上させる。股関節を片方ずつ
　　　　動かせるようになることで、投球時の強い回転運動に繋がる。

【手順】

①上げた足の股関節を外転（股を開く動き）させ、ヒザが大きく外回りするようにして前へ回す　②足を地面に着かずに、今度は後ろへ回す　③反対の足でも同様に繰り返す

【注意】

　メニュー23の「股関節Ⅱ―1（外転）」の応用編。軸足の足踏みをせずに、上げた足を地面に着かずに行うことで、より負荷がかかる。

　軸足の力でバランスを取り、上体の姿勢が前後左右にブレないように保つ。

　下を向かない。

　上げる足の力は抜き、ヒザを上げる意識ではなく、股関節を動かす意識で上げる。**地面に着いている足の股関節は止め、上げる足の股関節を動かすイメージ**で行う。

メニュー25 股関節Ⅲ（内・外転）

【回数】 左右 20 回ずつ
【目的】 股関節周りの柔軟性や筋力を向上させる。股関節を片方ずつ
動かせるようになることで、投球時の強い回転運動に繋がる。

【手順】
①フェンスや鉄棒、壁などにつかまる
②右足の股関節を内転(股を閉じる動き)させ、次に外転(股を開く動き)させる
③だんだん大きく内・外転させていく
④左足も同様に繰り返す

【注意】
　上体の姿勢は前後左右にブレないように保つ。
　地面に着いていない足の力は抜き、股関節を動かす意識で内・外転する。
　勢いをつけて無理に内・外転させるとケガをする恐れがあるので、注意しながら無理のない範囲で行うこと。

第6章

アマチュア球界への提言

チームメートの将来を考えることこそ、
真のチームワーク

　日体大には、トレーナーが2人います。公式戦はもちろん、オープン戦や日頃の練習時から支えていただいています。

　さらに、練習にはアスレティックトレーナーを目指す学生たちも来てくれています。野球部員ではなく、日体大の河野徳良准教授が指導されている「トレーナー研究会」の学生たちです。トレーナー研究会の学生たちは日頃のアイシングやストレッチの指導、リハビリなどを担当してくれています。選手にケガをする前のハリや疲労などがあれば随時、指導者に報告してくれます。

　もしも選手が大きなケガをした場合は、処置から病院の紹介まで大人が対応しています。

　日体大では選手が日頃からトレーナーたちと密に連携しながら、ケガの予防やケガをした時の考え方などを共有しています。

　2019年のドラフト2位で東京ヤクルトに入団した吉田大喜は、4年生の夏に侍ジャパン大学代表に選ばれ、日米大学野球選手権大会に出場しました。全5試合にセットアッパーとして登板。最速151㌔の直球に変化球を織り交ぜ、防御率0.00と活躍しました。

　吉田が代表から帰って来た時、右肩に少し違和感がありました。トレーナーに診てもらうと、「大きなケガではないが、疲労がある」とのことでした。吉田にとっての大学野球のラストシーズンとなるリーグ戦が開幕する、約10日前でした。

　それからはトレーナーと毎日のように話し合いながら、肩の状態を確認しました。オープン戦では1試合も登板せず、治療と強化に専念させました。

　投げようと思えば、投げられる状態でした。しかし、開幕カードの帝京大戦では登板を回避させました。

　第2週は、優勝候補の東海大が相手。トレーナー、吉田本人とは「将来を一番に」と話し合い、ほぼ100％の状態ではありましたが、「球数60球、最長5イニングまで」と決めました。

　結果は、この日147㌔を計測した直球を武器に5回を投げ、1安打無失点。約60球で終えました。

　私は、吉田が点を取られなかったことよりも、ケガをせず無事に投げ終えたことに何よりホッとして、喜びました。

　その試合には1対2で負けてしまったのですが、吉田を救援した投手たちも、「吉田は最長で5回まで」と知っていたので、万全の準備をしてくれていました。チーム全員で、全力で勝ちに行った結果の敗戦なので、仕方ないと思っています。

　翌週の大東大との試合で、吉田はリーグ戦初の完封勝利を挙げました。そして、続く武蔵大戦では自己最速の152㌔を記録。秋季リーグ戦の5試合で防御率1.36をマーク。エースとして素晴らしい結果で投げ終えてくれました。チームの為にも、1ヵ月半の戦いの中で正しい判断だったと思っています。
「あの時、吉田が投げていれば東海大に勝っていた」という声は耳にしました。

　でも、私には彼の将来の目標を含め、彼のことを知ろうと時間を掛けて見てきた自負があります。また、優秀なトレーナーたちとの信頼関係もあります。後悔はまったくありません。

　他の選手たちも「勝つことは大事だけど、吉田の将来も大切にしなければ」とわかっていたと思いますし、吉田の後に登板した北山比呂（現東芝）の信頼も高かった。

　私は「これまでの練習の中でもっとアドバイスしてあげることができたのではないか」という後悔はしますが、ベンチ入りしている投手が打たれて後悔したことはありません。

　指導者だけではなく、選手たちも日頃からケガについて向き合っ

ていれば、チーム全体が「アイツに無理をさせてはいけない。アイツの分を全員でカバーしよう」と考えられるようになると思います。チームメートの将来を考えられる集団であってこそ、「チームワークが優れている」と言えます。

　指導者がチームの勝利のために、選手の体や将来を犠牲にするのは、もってのほか。指導者がそうしなくても、選手自身は少々痛みがあっても、「試合に出たい」「自分が試合に出られないと、仲間に迷惑をかけてしまう」と思うと、無理をしてしまいます。指導者としては、選手がそう思わなくてもいい環境を整えておくべきだと考えています。

選手の成長のために、ケガから守る

　第3章で述べたように、コーチの語源は「馬車」で、その役割は乗っている人を目的地まで送り届けることです。そこには「安全に」という意味も含まれています。

　選手一人ひとりが自分の目標に向かって成長するように導く中で、ケガから守ることも重要です。

　ケガをした本人には言いにくいですが、ケガさえしなければ、もっと練習ができたのは間違いありません。課題をクリアするために正しい練習を積み重ねれば、うまくなる確率は高いはずです。

　ケガをすると投球に制限がかかったり、できる練習メニューが限られたりします。治った後も、どうしても古傷には少し敏感になる。そこでまた何かしらの制限がかかったり、練習量をセーブしたりということもあります。その分だけうまくなる機会を失うということです。

　ケガがプラスになることもあります。ケガを繰り返さないように、ウォーミングアップやクールダウンについての意識が高くなる。フォームを改善するきっかけになる。ケガをした部分をより強くして復帰する。第2章でお伝えしたように、私自身は高校時代のケガが

あったからこそ、今があると言えます。

　どんなに気を付けていても、ケガをしてしまうことはあるでしょう。もしケガをした時は、焦ったり、絶望したりしないこと。無理をせず、すぐに対処する。まずは治療に専念する。もちろん、ケガをした原因を突き止めることも必要です。

無理をしない・させない仕組みを作る

「ちょっと休めば平気。またできる」とケガに対して真剣に考えていない指導者や選手も中にはいます。「ケガをしたけど、2週間くらい安静にしたら、投げられるようになった」というのが一番危険です。

　例えば、ヒジの疲労骨折（肘頭疲労骨折）。野球選手を診察しているドクターによると、「痛い」と思っても2週間ほど休めば痛みが治まって投げられることもあるそうです。だから、疲労骨折していると気付かないまま「痛い」「2週間休む」「投げる」「また痛みを感じる」を繰り返してしまう。そのため重症化してしまい、手術しか方法がなくなるケースが多いと聞きました。

　早く診察を受けて、疲労骨折していると分かれば、投げるのを2、3ヶ月休んで、その間に補強のための筋力トレーニングをすれば復帰できるそうです。

　ヒジに限らず、どこかに少し違和感があっても、指導者や選手自身の感覚で「大丈夫、大丈夫」と判断してしまっていることがあるのではないでしょうか？　そうではなく、専門の医師の診察を受けたり、ＭＲＩを撮ってもらったりするべきです。

　最近では子どもたちのために定期的に肩やヒジの検診を実施している地域やチームがあります。ポニーリーグのように全国選手権で肩ヒジ検診室を設置する取り組みもあります。選手をケガから守る取り組みが進んでいるのはとてもいいことだと思います。

高校生の場合は、3年の夏で野球を終えるという人も多くいます。時期によりますが、選手自身が「ちょっと休んで投げる」を選択するなら、それも仕方ないかもしれません。

　しかし、指導者として選手の将来を考えるなら、選手の体の状態に敏感になって、なるべく早く専門知識のあるトレーナーや医師に頼りましょう。

　特に小学生、中学生は、野球人生の通過点。ケガで成長を妨げたり、野球をあきらめたりするのは避けなければなりません。

　そのためには早期発見が大事です。指導者は日頃の練習から選手が痛みを抱えたまま無理をしないように、見守らなければなりません。投球練習だけではなく、ランニングやキャッチボールなどでも動きや表情を見守りましょう。

　また、選手自身が体のどこかに違和感を覚えた場合は、すぐに指導者に報告したり相談したりできる雰囲気や仕組みづくりも必要だと思います。

「痛かったら、休む」ではなく、「痛かったら、病院で診てもらう」。もっと言えば、痛くなる原因を探して、ケガをしないように予防する。投手に必要なトレーニングを積んで、レベルアップして帰ってくる。痛みがあるのに無理をさせてしまい、後で悔やむことがないようにしなければいけません。

　小学生、中学生の場合は、指導者がいくら気を付けていても難しい部分があります。遊びと繋げて野球をしていることもあるので、指導者の目が行き届かない場面もあるでしょう。チームの練習が終わって家に帰ってから自分で練習してしまうかもしれません。むしろ野球が好きで、練習が好きな選手ほど、無理をしてしまいがちです。

　そこで、選手がケガをする前に「どんなケガが多いのか」「どこにどういう痛みがあるのか」「ケガをした時にはどうするべきか」など、知識や考え方を選手に伝えておく。選手が野球のルールにつ

いて学ぶように、ケガについても学ぶ機会を作っておくと良いと思います。

　また、野球が「好きだ」という思いに「うまくなりたい」という気持ちが加われば、よりケガに対する意識も変わってくるのではないでしょうか。周りの大人たちが作る環境によって、選手の未来が大きく変わってくると思います。

その「投げ込み」はホントに必要？

　日本高校野球連盟は2020年の春から投手の試合での投球数を「1週間500球」に制限しています。その他の連盟でも小学生、中学生の投手の投球制限を設けており、投手の肩やヒジの障害予防はアマチュア野球界の大きな課題になっています。

　エースの先発完投に頼るのではなく、複数の投手を育成した上で継投策を用いたり、先発ローテーションを組んだりする動きが浸透しているのは、大変良いことです。

　ただし、これらは試合での話。指導者としては、練習での投球数も含めて、投手が投げ過ぎてケガをすることがないように見守るべきです。

　第2章でお伝えしましたが、私は大学4年時の春季キャンプで1日150球を10日連続で、計1500球を投げ込みました。より多くの試合で投げるための準備であり、力まずに制球良く投げるための練習でした。

　この練習方法は、むしろ合わない人の方が多いと思います。私の場合は、かなり下積みがありました。高校時代に右ヒジのリハビリとして、インナーマッスルを鍛えたり、ヒジに負担のかからないフォームを習得したりと、普通の高校生がするようなことではないことをしてきました。

　大学に入ってから3年生までの間に体を作り、投げる体力もつい

ていた。しかも、自分の体の事はある程度分かっていて、「このく
らいの力感で、このぐらいなら投げても故障しないだろう」という
自信がありました。

　その上での投げ込みだったので、ケガはしなかったのだと思って
います。その投げ込みの成果として、4年春の成績もついてきまし
た。

　しかし、下積みも何もなく、「指導者から指示されたから投げ込
んだ」になると、成果も出ず、故障する確率が高くなるだけです。

　球を投げる感覚など、投げる練習でしか身に付かないものもあり
ます。ただし、強度と数は慎重に考えなければなりません。投手に
は体付き、フォームなど個人差があるので、その強度で何球までな
ら大丈夫なのかは何とも言えません。一律で「何球」と決めず、個々
に管理した方が良いでしょう。

「正しい投げ方をすれば、どれだけ投げても大丈夫」と言う人もい
ますが、私はそうではないと思っています。試合になると力が入っ
てしまう。球数を投げ込んでいくと疲労でフォームが変わってしま
う。体つき、手足の長さによって仕事量（動かしている時間）も違
うので、負担も変わってくる。ケガのリスクは一人ひとり異なりま
す。

　投げ込む前に、その練習をすることで目的が達成できるのかどう
か、考えるのも大事です。

「球速を上げるため」に投げ込むと、どうしても強度の高い投球を
繰り返すことになります。筋力や瞬発力を高めるトレーニングなど
他の練習方法を選ぶことも考えた方がいいでしょう。

「フォームを身に付ける反復練習」として投げ込むのはよくあるこ
とだと思います。

　しかし、第5章でご説明した通り、体の各部位をどう動かすかを
考えながら投げていくのは難しい。また、思うように動かない部分

があるまま投げても、どこかに負担がかかるフォームを繰り返すだけになり、故障のリスクが高まります。

「何球投げ込む」と数を決めて投げると、その数を投げることが手段ではなく、目的になってしまいがちです。

例えば「トレーニングやシャドウピッチングで動きが良くなってきたので、ブルペンでフォームを固める」「力を抜いて投げる感覚を覚える」「投げる体力をつけたいから15球を7セット投げる」など、「こうなりたいから、今は投げる練習が必要だ」という目的があるから投げる。その結果、100球を投げていた——という形の投げ込みなら、成長に繋がると思います。

「アスリートセンタード」で指導する

「アスリートセンタード・コーチング」という言葉をご存知でしょうか？ トレーニングは選手主体で行うもので、指導者は選手が自ら学ぼうとする環境を整えることに力を注ぎ、成長を促そうというコーチングです。私が日体大の大学院で学んだ2年間、指導教員としてお世話になった伊藤雅充教授が提唱されている考え方です。

選手が誰かに言われて、受け身で練習をやらされるよりも、選手自身が「こうすればうまくなる」というイメージを持って主体的に練習に取り組んだ方が、技術が深く定着します。

アスリートセンタード・コーチングでは指導者が選手に主体的に練習に取り組んでもらうように促し、「できた！」という達成感を覚える機会を作ることが大きなポイントになっています。

伊藤教授は「指導者が選手に期待するのが『自分の頭の中にある正解を再現すること』になると、選手が主体的であろうとすることを阻む」と説いておられます。

自分の指導を中心に考え、選手が出す結果によってそれが正解であると証明したい——そんな指導者は、選手の結果が出なかった時、不満を感じ、イライラしてしまいます。その感情を選手にぶつける

ことが、パワハラや暴力に繋がります。これは「アスリートセンタード」ではなく、「コーチセンタード」の指導になると思います。

　指導者は、選手が自分で考えたことを尊重して、主体的に成長していこうとする過程を見守り、成長のスピードを加速させる。それが「アスリートセンタード・コーチング」の理想です。

　選手自身の考えを尊重することは前提ですが、選手が自分一人の力では目標にたどり着けないこともあります。そこは指導者が寄り添い、よりよい方法を見つけていけるようにサポートしなければなりません。

　選手を成長させる方法の答えは、一つではありません。自分が指導したある選手が成長したからといって、その事例を一つの正解のようにして他の選手に当てはめてはいけない。100人100様の「正解」があります。指導者が学び続け、指導の引き出しを増やしていかなければ、その選手にとってのよりよい方法は見つけられません。

オープンクエスチョンで選手に考えさせる

　野球の指導者は、少数で大人数の選手を指導することが多いと思います。限られた時間の中で多くの選手を指導すると、どうしても全員を集めて「こうだ」と伝えたり、「こうだろ？」と選手が「はい」としか答えようのない問いかけをしたりすることが多くなってしまいます。

「日本の首都は東京」のように一つしかない正解や、「これは自転車だ」のように言葉で聞けばわかる知識（専門用語では「宣言的知識」と言います）を伝える時は、それでいいと思います。

　しかし、「自転車に乗れるようになる」など、できないことができるようになるためのノウハウ（専門用語では「手続的知識」と言います）にはいろいろな選択肢があり、答えは人によって変わります。その場合は1対1で会話し、選手自身が考えるように促すこと

が求められます。

　私は投球動作の基本や野球のルールなどを伝える時は、ミーティングを開き、全員にプレゼンテーションする形で伝えています。選手一人ひとりが自分の課題を見つけ、できないことができるように促す時には、1対1での対話を重視しています。

　選手との対話で心掛けているのは、「オープンクエスチョン」です。これは、「何を？」「なぜ？」「どのように？」といった答えを制約しない質問をして、選手自身に考えて自由に答えてもらう質問です。指導者側も選手によって発言が変わるので、どうしたら目の前にいる選手にわかりやすく伝わるかを考えるようになります。その一方で「はい」か「いいえ」でしか答えられない問いが「クローズドクエスチョン」です。

　私は、自分の中に答えを持っていても、それを選手に「こうだ」と押し付けることはしないように心がけています。

　「こうだろ？」と問いかけるのも、相手に考えさせているようで、実際は「クローズドクエスチョン」です。これでは指示・命令とほとんど変わりません。

　例えば、配球について指導する時に全体ではルールとして基本的なことを説明し、当事者には1対1で映像を見ながら、「このバッターを打ち取るには、ここで何を投げたらよかったと思う？」と訊きます。

　私の中に「フォークだ」という答えがあっても、「ここはフォークだろ？」「こういう時はフォークを投げるんだよ」とは言いません。そういう訊き方をしてしまうと、選手は自分ではあまり考えずに「はい」と答えてしまいます。

　あえて「何を？」と訊くことで、考えさせる。仮に間違った答えであっても、自分の考えや意見を言うことが必要だと思っています。

　トレーニング中でも同じです。「今の動きは、どういう感覚でし

ている？」「今、どの部分に効いている？」と訊きます。「軸足の股関節を意識しているか？」と訊くと、「はい」と答えてしまう。そうではなく、選手自身が「軸足の股関節を意識しよう」と考えながらトレーニングすることが大事です。

　指導者としては、自分が分かっていること、正解だと考えていることを「こうしろ」「こうだ」と指示・命令した方が、手っ取り早い。しかし、それは「アスリートセンタード」ではなく、自分の都合を考えた「コーチセンタード」です。
　どれだけ時間がかかっても、やはり一人ひとりに自分で考えさせる。自分で考えることで、選手の頭の中に引き出しが増える。引き出しが多ければ、選手自身の選択肢が広がります。「自分でこう考えたから、こうやっているんだ」という自発的な取り組みにも繋がっていきます。指導者の想像を超える成長や活躍というものは、本人の自発的な取り組みによるものが大きいと思っています。

　日体大の選手たちは、入学時に比べると、４年生になった時には自分で考えて、答えられるようになっています。私はパフォーマンスのレベルはもちろん、その部分での彼らの成長を感じています。
　日体大には将来、指導者を目指している選手が多い。この経験は、彼らが指導者になった時に生きるはずです。
　正直に言いますと、私よりも新入生などに考えさせるアドバイスが上手にできる学生コーチや上級生はいます。当たり前ですが、選手との距離感は同年代である彼らの方が近く、コミュニケーションが取れます。
　下級生が上級生にアドバイスをもらっていて、上級生が「そこはわからないから、辻コーチに聞きにいこう」と下級生を連れて私のところにきてくれたことも今までに何度かありました。学生コーチ、上級生たちが作ってくれている環境こそが投手陣全体の成長を促していると思っています。

選手の成長のためにチームの垣根はいらない

　アスリートセンタード・コーチングでは、指導者同士がコミュニティを作ることを推奨しています。自分の経験には限りがありますが、複数の指導者が経験をシェアしたり、意見を交換したりする機会を設けることで、指導の引き出しを増やすことができます。私は他大学のコーチや、高校、中学校、小学校の指導者とも連絡を取り合い、練習にも参加しています。

　選手が自分一人では目標にたどり着けないこともあるように、指導者も自分一人の考えや方法に固執していては、選手を導けない。他の指導者やチームの環境から学ぶことで、よりよい方法を見つけられると思います。

　「なぜあの選手は変わらないんだ」と指導者が思うように、「なぜあのコーチは変わらないんだ」と選手も思っているはずです。なんとか成長できるチャンスを自分から掴みに行きたいと思っています。

　私は、これは選手同士にも当てはまると考えています。他チームの選手と接したり、一緒に練習したりすれば、競技能力を高められます。

　プロ野球のオフシーズンには、選手たちがチームの垣根を越えて集まって自主トレーニングをしています。そういう取り組みが、アマチュア球界ではなかなかできていない。まだまだチームの壁があります。

　これは選手にとって、成長の機会の損失です。「情報が洩れては困る」「ライバルチームの選手がうまくなったら、ウチが勝てなくなる」という指導者側の理由で、できない環境を作ってしまっているのではないでしょうか。

　高校野球の指導者や部員と小学生・中学生との交流は、自校への勧誘ではなく、高校野球の持つ魅力や野球本来の楽しさを伝え、地

域社会貢献活動の一つとして行うことができます。しかし、「所属している都道府県の高等学校野球連盟に対して事前に開催計画書を提出する」など規定がたくさんあり、気軽に交流できるとは言い難いのが現状です。

松本航は、2年時に大学日本代表の候補に選ばれ、選考合宿に参加しました。結果的にその年はメンバー入りを逃したのですが、合宿で同部屋になった柳裕也投手（当時は明大4年。現中日）をはじめ全国トップレベルの投手と接して、多くの学びを得て帰ってきました。

こうした成長のきっかけが、代表候補に選ばれたからではなく、どのレベルでも、誰でも得られるようになってほしいと願っています。

私は日体大の投手コーチなのですが、野球をやっている選手全員と「指導者と選手」の関係だと思っています。日体大で野球を教えるためにコーチになったというより、野球をやっている人みんなにうまくなってほしくて、指導者になりました。この思いは、指導者になって1年目から今まで変わっていません。

私がこの本で私なりの考えや指導方法、練習内容などを包み隠さずに明かしたのは、この思いに基づいているからです。

選手が成長するのに一番いい方法を見つけるのであれば、たとえ同じリーグであっても、休みの日に他チームの選手が日体大のグラウンドに来て、合同で練習したり、ミーティングをしたりしてもいいと思います。

他のチームの選手でも「うまくなりたい」と考えているのなら、指導者としてアドバイスをするのは当たり前。私は要望があれば、できるだけ応えるようにしています（ただし、ちょっと見ただけなのに思い付きでアドバイスするわけにはいきませんので、残念ながら対応できる人数は限られています）。

もちろん、日体大の投手にとって、全員に私の指導が合っている

とは限りません。機会があれば、他のチームの指導者にアドバイスをもらってもいいと思っています。

　試合の時はもちろんライバルなので、真っ向勝負する。練習ではお互いが「うまくなりたいから、教えてよ」と言い合って、切磋琢磨する。お互いのレベルを上げるために全力を尽くす。

　自チームの選手も、ライバルチームの選手も、お互いに成長してドラフトで指名されるような選手になる。そういう高いレベルで勝負して、勝つから価値があるのだと思います。

　野球は遅咲きでも成功できるスポーツではありますが、競技生活をいつまでも続けられるわけではありません。中学から高校、そして大学と競技レベルが上がっていき、多くが大学4年生、22歳で終わりを迎えます。

　選手には、野球人生に悔いを残して欲しくありません。それまでにやれる事を全部やり切る。周りの大人たちがその選択肢を狭めてはいけません。

　選手が他チームの指導者や選手から学べる環境を、指導者が工夫して作ってあげればいいのです。今、私は大学野球の指導者ですので、まずは大学野球界でそれが少しずつできるようにしていけたら、と思っています。

あとがき

　私は2021年で指導者として7年目を迎えました。

　理想は100人いたら100人を成長させることですが、今はまだ、できているとは言えません。「私はここまでしか成長させてあげられなかったけれど、もし違う人にアドバイスを受けていたら、もっともっと成長できたんじゃないか……」と考えることがあります。

　選手の立場だったら、どんな指導者に教わりたいか。そう考えると、やはり成長している人でしょう。私自身、指導者としてもっと成長しなければいけないと思っています。

　日体大にはコーチとして成長できる環境があります。古城隆利監督は、コーチ就任1年目の私に「今までのやり方は気にせず、やりたいようにやっていいぞ」と言ってくれました。私の意見に対して否定せず、常に新しいことにチャレンジできる環境を与えて下さったこと、心から感謝しています。

　投球動作や専門的トレーニングに関しては、顧問である河野徳良准教授がトレーナーの目線からアドバイスして下さいました。バイオメカニクス的観点からは阿江通良教授に多くのアドバイスを頂きました。

　また、トレーナーの齋藤仁拡先生、久保誠司先生、佐々木さはら先生（九州保健福祉大学）には、選手に対して身体のケアやト

レーニングのアドバイスをして頂きました。私が就任してからの日体大投手育成に欠かせない存在です。他にも多くの方々の支えがあります。指導者も選手と同じように「成長しようとする向上心」「学ぶことのできる環境」が大切だと思います。

　全国には多くの指導者の皆さんがいて、私とは比べものにならないくらいの経験や実績を積まれています。本書の依頼があった際、私のような若手の指導者が本を出版させて頂くなんて、おこがましいのではないかという思いがありました。

　しかし、少しでも投手指導に困っている方々の参考になるのなら、と考えました。また、全国各地で野球をやっている選手からSNSでたくさんのメッセージが私に届きます。頑張っている選手の力になりたいという思いで書かせて頂きました。

　本書は、私が日体大野球部の投手陣を指導してきた内容です。当たり前ですが、チームによって周りの環境や選手のレベルに違いがあり、どのチームにも同じ方法でうまくいくことはありません。参考としてお読み下されば幸いです。

　本書を通じて、野球界の指導者による投手育成法がレベルアップし、一人でも多くの選手の競技力向上に繋がるとともに、指導者と選手を取り巻く環境がさらに良くなっていくことを願っています。

2021年9月

辻　孟彦

【参考文献】

・阿江通良，藤井範久（2002）スポーツバイオメカニクス20講．朝倉書店．

・阿江通良（2005）スポーツ選手のスキンフルな動きとそのコツに迫る．「スキルサイエンス」特集．

・大利実，（2021）投球技術の極意.日体大の育成術.カンゼン．

・大貫克英，上平雅史，斉藤慎太郎，石井喜八（1998）マウンドの違いによるピッチング動作の比較．日本体育大学紀要，27（2）:233-242．

・伊藤雅充（2017）コーチとコーチング コーチング学への招待．大修館書店．

・稲生和久，吉村正（2001）勝つための投球術 生まれ変わるピッチング．新星出版．

・蔭山雅洋，鈴木智晴，杉山敬，和田智仁，前田明（2015）大学野球投手における下肢関節の力学的仕事量と投球速度との関係．体育科学研究，(60) :87-102．

・蔭山雅洋，鈴木智晴，藤井雅文，中本浩輝，和田智仁，前田明（2016）野球投手におけるマウンドと平地からの投球のバイオメカニクス的比較:投球速度および投球動作中の下肢および体幹の動作に着目して．体育科学研究，61:517-535．

・金子朋友（2005）身体知の形成（上）．明和出版．

・金子朋友（2007）身体知の構造．明和出版．

・Kim, Su. Hyun（2016）Effects of Physique and Physical Fitness on Ball Speed in High School Baseball Players. (Unpublished doctor dissertation). Dankook University,Gyeonggi, Korea.

・私心（2018～2020）日本体育大学大学院コーチング学専攻,授業資料．

・佐伯 要,〝日体大・辻 孟彦コーチの「100人いたら100通り」の指導哲学〟, REAL SPORTS, 2020-03-28

・島田一志，功力靖雄，阿江通良，篠原邦彦（1996）野球の投球動作における地面反力．日本体育学会大会，47（0）373．

・島田一志，阿江通良，藤井範久，川村卓，高橋佳三（2004）野球のピッチング動作における力学的エネルギーの流れ，バイオメカニクス研究，8（1）:12-26．

・島田一志，阿江通良，藤井範久，結城匡啓，川村卓（2000）野球のピッ

チング動作における体幹および下肢の役割に関するバイオメカニクス的研究. バイオメカニクス研究, 4:47−60.

・高橋佳三（2006）投球動作を助ける脚のはたらき. 体育の化学, 56（3）:174−180.

・中学野球太郎（Vol.25）特集「巨大化」の前に考えるべきこと. 廣済堂出版.

・Sports Japan（2016）3,4,7,8月号. 日本スポーツ協会

・長谷川伸（2018）投球速度の高い投手における四肢, 体幹筋の形態的特性. 九州共立大学研究紀要, 9（1）:50-56.

・Hirashima M, Kadota H, Sakurai S, Kudo K, Ohtsuki T（2002）Sequential muscle activityand its functional role in the upper extremity and trunk during overarm throwing.J Sports Sci. 20（4）:301 - 10.

・平山大作, 藤井範久, 小池関也, 阿江通良（2010）野球投手の投球数の増加による下肢関節の力学的仕事量の変化. 体力学会, 59（2）:225−232.

・ベースボールクリニック（2018.2特集）変化球習得術. PP8-12. ベースボールマガジン社

・ベースボールクリニック（2020.12特集）日本体育大学のピッチャー育成メソッド. ベースボールマガジン社

・松井秀治（1981）コーチのためのトレーニングの化学. 大修館書店, PP62-64.

・水谷仁人, 伊藤岳史, 岩堀裕介, 竹中裕人, 鈴木達也, 大家柴, 清水俊介, 矢澤浩成, 太田和義, 花村浩克, 筒井求（2011）学生野球選手の投球フォームイメージ調査. 東海北陸理学療法学術大会誌, 27（0）:87-87.

・村田厚生, 岩瀬弘和（2000）投手の良い投球動作に関する考察—熟練群と非熟練群での投球動作の比較—. 日本人間工学会, 36（6）:299-309.

・渡辺良夫（2017）技術トレーニング コーチング学への招待. 大修館書店.

辻 孟彦

つじ・たけひこ／1989年7月27日生まれ。京都府出身。京都外大西高では3年夏に一塁手兼投手として甲子園に出場して3回戦に進出。日本体育大では1年春から首都大学リーグ戦で登板。2年春からエースとなる。4年春にはリーグ新記録の10勝、同タイ記録の5完封でチームの優勝に貢献してMVPとベストナインを受賞した。4年春の大学選手権では8強入り。通算63試合で22勝18敗、防御率1.94をマーク。2011年のドラフトで中日から4位指名を受けて入団。2014年限りで現役を引退するまでに13試合で登板した（0勝0敗）。2015年から日本体育大のコーチに就任し、投手を指導している。2018年から同大学の大学院で学び、修士（コーチング学）の学位を取得した。

エース育成の新常識
「100人100様」のコーチング術

2021年 9月 6日　第1版第1刷発行
2021年10月31日　第1版第2刷発行

著　　者／辻　孟彦

発　行　人／池田哲雄
発　行　所／株式会社ベースボール・マガジン社
　　　　　　〒103-8482
　　　　　　東京都中央区日本橋浜町2-61-9　TIE浜町ビル
　　　　　　電話　03-5643-3930（販売部）
　　　　　　　　　03-5643-3885（出版部）
　　　　　　振替口座 00180-6-46620
　　　　　　https://www.bbm-japan.com/

印刷・製本　大日本印刷株式会社